y-knot

# 社会心理学

## 社会を動かすもの・変える力

杉浦淳吉・尾崎由佳・村山綾　著

Musubu

有斐閣

デザイン　高野美緒子

# はしがき

　わたしたちが抱える「息苦しさ」に立ち向かい，社会を動かし変えていくために社会心理学はどう貢献できるのか，それが本書のキーコンセプトです。世の中にはすでに多くの社会心理学の優れたテキストが出版されています。そのなかでも，本書は，読者と一緒になって考え，さまざまな身近な問題を解きほぐしていくことを目指しました。単に応用的な知識の活用方法を紹介するのではなく，人間や社会を理解する際の社会心理学の発想が理解できるようになるということを重視しました。

　社会心理学は，これまで広範囲にわたって数多の研究が蓄積され，進歩してきています。その一方で，研究成果の科学としての評価や研究倫理も課題となってきています。本書では社会心理学の基本的な考え方をできるだけ丁寧に説明し，それを使ってわたしたちを取り巻く問題について考え，解決していけるよう，工夫を凝らしました。社会心理学の発展に寄与してきた有名な実験についても，その実験の参加者の視点に立ったり，オンラインで実際に参加できるようにしたりして，ある状況において「自分だったらどうするか」を考えてもらえるようにしました。

　現実の生活において，社会心理学の実験から得られた知見がそのまま使えるとは限りません。なるほど社会心理学で習ったとおりだと実感できることは大事ですが，むしろそれが裏切られたときこそ，もう一度，社会心理学の基本的な考え方に立ち返って，自分の頭で

i

考えてみてください。そして皆さん自身の経験をもとに，本書で説明されている内容に自分の言葉で反論してみてください。

　本書1冊だけで社会の問題を解決するための発想を身につけることができるわけではありません。限られた紙面でできるだけの説明を試みましたが，学問の地平は広大です。社会心理学の知見を理解し，それを使ってさまざまな葛藤を乗り越えることで，未来をよりよい方向に書きかえていけるのだと信じています。

　本書の構想と使命を最初に有斐閣編集部から受け取ったのが，「コロナ危機」で厳しい行動制限がかかるドイツでの在外研究中の2021年初夏のことでした。日本とはまた異なった息苦しさのなかで，いったいどんなテキストを作っていったらよいのだろうと，率直にいって不安もありました。それでもその年の秋から著者3名，編集部の中村さやかさん，渡辺晃さん，猪石有希さんと検討を開始し，皆がチーム一丸となって定期的にオンラインでの会合を開き，また日々メールやビジネスチャットツールでの連携を重ねながら執筆を進め，本書を世に送り出すまでに至ったことをたいへんうれしく思っています。

　社会は常に変化しています。そうした変化や学問の進展に応じて，とどまることなく，さらに新たな知見をいきいきと紡いでいく必要があると考えています。読者の皆さんと本書を足がかりに新たな社会心理学を探求し続けることができれば幸いです。


　2024年9月

著者を代表して

杉浦　淳吉

# 著 者 紹 介

## 杉浦 淳吉 (すぎうら じゅんきち)

慶應義塾大学文学部教授

担当　序，4，8，終章

主著　『暮らしの中の社会心理学［新版］』（共編著，ナカニシヤ出版，2024 年）
／ *Gaming as a Cultural Commons: Risks, Challenges, and Opportunities.*
（共編著，Springer，2022 年）／「合意形成ゲーム『市民プロフィール』の開
発——ドイツ・ノイス市の都市政策の社会調査事例から」（共著，『シミュ
レーション＆ゲーミング』第 31 巻，pp. 27–37，2021 年）

## 尾崎 由佳 (おざき ゆか)

東洋大学社会学部教授

担当　1，2，5，6 章

主著　『自制心の足りないあなたへ——セルフコントロールの心理学』（単著，ち
とせプレス，2020 年）／ Counteractive control over temptations: Promoting
resistance through enhanced perception of conflict and goal value.（共著，
*Self and Identity*, 16, pp. 439–459，2017 年）／「セルフコントロール尺度短
縮版の邦訳および信頼性・妥当性の検討」（共著，『心理学研究』第 87 巻，
pp. 144–154，2016 年）

## 村山 綾 (むらやま あや)

立命館大学総合心理学部准教授

担当　3，7，9，10 章

主著　『「心のクセ」に気づくには——社会心理学から考える』（単著，筑摩書
房，2023 年）／『やってみよう！　実証研究入門——心理・行動データの収
集・分析・レポート作成を楽しもう』（共編著，ナカニシヤ出版，2022 年）
『偏見や差別はなぜ起こる？——心理メカニズムの解明と現象の分析』（分
担執筆，ちとせプレス，2018 年）

# Information

**各種ツール**　各章には以下のツールが収録されています。

（章　頭）**Quiz　クイズ**……学びへつなぐクイズ。
　　　　　*Chapter structure*　**本章の構成**……章構成を一覧し，大まかな流れとキーワードを確認します。
　　　　　*Answer*　**クイズの答え**……Quizの答えと解説。
　　　　　*Introduction*　**導入**……本章で学ぶことを確認します。
（章　末）*Summary*　**まとめ**……本章で学んだことを振り返り，課題・展望などをまとめます。
　　　　　*Report assignment*　**レポート課題**……レポートを作成する際の論点に使える課題です。
　　　　　*Book guide*　**読書案内**……さらに学びを深めたい人のための読書案内です。
（本文中）**キーワード**……重要語句を太字にしました。
　　　　　*Column*　**コラム**……各章に関連するトピックの囲み記事です。
（巻　末）**引用・参考文献**……本文中で引用・参考にした文献情報一覧です。
　　　　　**索　引**……重要用語を精選しました。

**ウェブサポートページ**

本書での学習をサポートする資料として，本書の各種ツールのほか，オンラインで実施できるデモ実験を用意しています。ぜひご活用ください。

https://www.yuhikaku.co.jp/yuhikaku_pr/y-knot/list/20011p/

# 目　次

はしがき ……………………………………………………………………… i

著者紹介 ……………………………………………………………………… iii

Information ………………………………………………………………… iv

## 序章　息苦しさを読み解く …………………………………… 1
社会心理学の思考法

**1　社会心理学とはどのような学問か**：本書で目指すこと ……… 3

**2　わたしたちを取り巻く息苦しさ**：社会心理学の対象 …………… 4

「社会の問題」として捉えてみる（4）　隠されている不公正を発見する
（6）　違和感を言葉にする（8）

**3　社会心理学の歩みを振り返る** ……………………………… 8

行動主義（9）　社会的認知（9）　文化と心の関連（10）　適
応と進化心理学（10）

**4　相互作用とは何か** …………………………………………… 11

心の理論と相互作用（11）　意図せざる結果（12）

**5　実験で読み解く心理** ………………………………………… 13

実験とは何か（13）　さまざまな研究方法（15）

v

# 第 I 部　社会・集団のダイナミズム

## 第 1 章　それはほんとうに自分が決めたこと？ …………… 21
### 行動・意思決定に影響を与えるもの

**1　意識しない心のはたらき**：社会的認知と自動性 ……………… 23

自動化された認知プロセス（23）　社会生活を営むための認知プロセス：社会的認知（25）

**2　経験から得た情報を蓄えて，利用する**：記憶と知識表象 ……… 27

社会的認知を支えるもの：記憶（27）　活性化された知識がもたらす影響：プライミング効果（30）

**3　「感じる」と「考える」は切り離せない**：感情と思考 ……… 32

社会的認知に影響を及ぼすもの：感情（32）　感情の誤帰属（34）誤帰属は防げるのか（35）

**4　「自分でそう決めた」は思い込みかもしれない？** …………… 36
：自動性と意思決定

選択の理由（36）　自由意志は存在するのか（37）

**コラム1**　情動はどこから生まれるのか（34）
**コラム2**　なぜそれを選んだのか（38）


## 第 2 章　偏見・差別はなぜ起こる？ ………………………… 41
### 他者や社会を見るバイアス

**1　他者を知るということ**：対人認知 ………………………………… 43

**2　あの人ってどんな性格？**：属性推論 ……………………………… 44

対応推論理論（45）　対応バイアス（46）　自発的特性推論（46）

**3　人を見る目に影響するもの**：ステレオタイプ …………………… 47

自動的なステレオタイプ化（47）　両面価値的ステレオタイプ（50）

**4 不公平や対立の生まれるところ：偏見・差別** ·················· 50

偏見や差別はなぜ消えないのか（51）　BIAS マップ（52）

**5 公平な社会へ向けて：偏見・差別の解消** ·················· 53

①カテゴリ化のしかたを変容させる試み（53）　②表象間の連合を変
容させる試み（54）　③ステレオタイプのあてはめを防ぐ試み（55）
身近な問題としての偏見・差別（55）

**コラム3　潜在連合テスト（48）**


# 第 **3** 章　不寛容はなぜ起こる？ ······························· 59
状況の力が生み出す不安

**1 他者の意見に合わせる** ····································· 61

一時的な集団でも起こる同調（61）　オンライン状況での同調（62）
同調の段階説（65）

**2 命令システムのなかの個人：権威への服従実験** ·················· 66

状況の力（66）　ミルグラムの服従実験（66）　代理状態としての服従
（68）　服従に関する追試研究（69）

**3 状況をコントロールできないとき：公正世界理論** ·············· 70

当事者でない第三者の評価（70）　公正世界理論（72）

**4 他者に対する不寛容** ····································· 73

被害者非難と加害者の非人間化（73）　内在的公正推論（75）　エ
ラー管理から生まれる不寛容（77）

**コラム4　研究倫理について（71）**


# 第 **4** 章　葛藤はなぜ起こる？ ······························· 81
いざこざから紛争まで

**1 身の回りに潜む葛藤** ····································· 83

心理的葛藤（83）　社会的葛藤（85）　社会的葛藤の発生と解消のプ

ロセス（86）　内集団ひいき（88）

**2　皆は何を考えていると考えているか：ゲーム理論** ·············· 90

かけひきと決断（90）　囚人のジレンマ（92）　協力を引き出す方略
（94）　不公正への制裁（95）

**3　自分1人くらいは：社会的ジレンマ** ······························ 96

「自分1人くらいは」の心理（96）　社会的ジレンマの解決（97）

**4　社会の分断と統合** ·················································· 98

社会的葛藤は解決できるか（98）　沈黙の螺旋（99）

# 第 **II** 部　社会のなかの個を生きる

## 第 **5** 章　自分を知り，自分を動かす ······················· 105
社会と切り離せない自己のはたらき

**1　自分を知る，わたしらしくふるまう：自己認知** ················ 107

自らについて知る：自己知識（107）　抽象化された"わたしらし
さ"：自己概念（109）　自己概念に他者が与える影響（110）

**2　他者とわたしを比べてみる** ······································· 111

社会的比較（111）　自己評価維持モデル（112）

**3　他者に見せるわたし：自己呈示** ·································· 114

自己呈示とその種類（114）　自己呈示の内在化（114）

**4　自分を動かす：自己制御** ·········································· 116

目標を目指す心のはたらき（116）　他者の目標追求に影響される：
目標伝染（118）　セルフコントロールの大切さ：自制心を働かせる
（119）

**5　自らの行動を変え，目標を目指す：WOOP** ··················· 122

①Wish（願い）（122）　②Outcome（結果）（123）　③Obstacle（障

viii

害）(123)　④Plan（計画）(123)

**コラム5　なぜ自制できないのか**(121)


# 第 **6** 章　わたしの世界とあなたが見ている世界 ············ 127
社会的認知とバイアス

## **1**　限られた情報を手がかりとして理解する ················ 129
：ヒューリスティクス

事前情報が判断に影響する：係留効果(129)　ヒューリスティクス
(130)

## **2**　信念や仮説に基づいて理解する：認知バイアス ·············· 133

確証バイアス(133)　正常性バイアス(135)

## **3**　自分の視点から理解する ································ 136
：自己中心性と動機づけられた認知

自己中心性バイアス(136)　行為者─観察者バイアス(137)　自己奉
仕バイアス(138)　楽観バイアス(139)　計画錯誤(140)

**コラム6　ウェイソンの4枚カード問題**(134)


# 第 **7** 章　ぶつかりあうのは恐い？ ····················· 145
親密な対人関係，コミュニケーション

## **1**　わたしたちの情報交換の手段：言語・非言語チャネル ······· 147

感情伝達機能としての顔面表情(148)　音声的非言語チャネル？：パ
ラ言語とは(149)　よくある誤解：メラビアンの法則(150)

## **2**　親密な関係を促進させるコミュニケーション ················ 152

複数チャネルの連動(152)　親密さの調整(153)

## **3**　仲良くなるきっかけ：対人魅力と関係の発展 ················ 154

初対面時に感じる魅力(154)　コンピュータ・ダンス実験の注意点
(155)　長期的なパートナーを選ぶときに感じる魅力(155)　魅力

目　次　ix

の要素（156）

**4　親密な対人関係の解消過程** ·································· 158

関係解消に至るまでの段階（158）　関係修復のためのコミュニケーション（159）　謝罪の重要性（161）

# 第 **III** 部　社会を変える・動かす

# 第 **8** 章　社会を変える・動かすコミュニケーション ········ 167
合意形成から行動変容まで

**1　他者の行動で自分が変わる** ······························· 169

規範の形成（169）　記述的規範と命令的規範（170）　知らず知らずの影響（171）　自由を確保したい心理（172）

**2　人々の考え方を変えていくには** ························· 173

態度による行動の予測（173）　説得による態度の形成（175）　情報の送り手と受け手（176）　説得への抵抗（177）

**3　社会を動かす方向を考える** ····························· 178

社会を動かす最初のステップ（178）　一定の割合の人が動き出すと変わる：限界質量（179）　皆が動き出すと変わる（182）　合意形成（182）　アクションリサーチ（183）　社会を動かしてよいのか（185）

# 第 **9** 章　「だれかのために」が生まれるとき ··············· 189
向社会的行動

**1　他者を助けるための前提条件** ··························· 191
：援助行動が生まれるまで

他者を助ける行動に関する用語（191）　緊急事態の援助行動（192）
援助行動が起こるまで：5 段階のプロセス（193）

**2 「だれかのために」が生まれる背景①** ························· 195
：至近要因からの理解

援助行動を引き出す背景要因（195）　他者への親切な行動のめばえ
（196）　「助けたい」を生み出す共感（197）

**3 「だれかのために」が生まれる背景②** ························· 199
：究極要因からの理解

困ったときはお互いさま：互恵的利他主義（199）　情けは人のためな
らず：間接互恵性（201）　評判の重要性（203）

**4 「助けたい」を逆手にとるさまざまな詐欺** ····················· 204

# 第10章　チームや組織が活性化するために ············ 207
集団意思決定とリーダーシップ

**1 皆で何かを決めること：集団意思決定** ························· 208

集団意思決定は偏りやすい：リスキーシフトとコーシャスシフト
（209）　話し合いが多数派の意見をより極端にする：集団極化
（211）　少数派が影響力をもつには（212）

**2 集団意思決定における情報共有の重要性** ····················· 212

隠れたプロフィール（213）　非共有情報を共有するために（215）

**3 地位関係がある集団とリーダーシップ** ························· 216

地位関係がある集団での意思決定（216）　古典的リーダーシップ研
究：リーダー中心アプローチ（217）　新しいリーダーシップ研究：フォ
ロワー中心アプローチ（219）　これからのリーダーシップ研究（220）

**4 チーム・組織のなかでの充実した活動** ························· 221

個人でできること：動機づけの維持（222）　チームや組織ができるこ
と：心理的安全性の確保（223）

目　次　**xi**

# 終章 心地よさが生まれるとき ································ 227
### 社会心理学で考えてみる

## 1 社会心理学を用いて社会を理解する ···················· 229

社会心理学の理論を使ってみる（229） 状況の力（230） 実験のリアリティ（231） 行為の問題をシステムの問題として捉える（232）

## 2 心地よさをつくりだすために ························ 233

悩みごとがあるときにどうしたらいいか（233） 心地よければいいのか（235） 意見を変えることを認める（236） 立場を変えて考える（237）

## 3 社会を動かすもの・変える力 ······················ 238

社会を動かしている感覚（238） 社会心理学の知見が社会を変える（239） 実験から社会を考える（240） 実験と理論から現実を捉える（242） 社会心理学の社会への実装（245）

引用・参考文献 ···················································· 249

索　引 ···························································· 261


イラスト　嶋田典彦

# 息苦しさを読み解く

社会心理学の思考法

序章

## Quiz クイズ

初めて「社会心理学」（social psychology）と名の付いたテキストが出版されたのは何年のことだったでしょうか。

**a.** 1641 年　**b.** 1879 年　**c.** 1897 年　**d.** 1908 年

## Chapter structure　本章の構成

社会心理学の思考法

- 社会的認知
- 文化と心
- 適応と進化
- 相互作用 ……

息苦しさ
生きづらさ
不公正
意図せざる結果
違和感

個人の問題 を

発見し言語化する

社会の問題 へ

# Answer クイズの答え

**d.**

社会心理学の黎明期には，心理学的な社会心理学と社会学的な社会心理学があり，それぞれの立場から書かれた最初のテキストがともに 1908 年に出版されています。社会心理学のはじまりは 19 世紀後半とされており，誕生して 100 年あまりの歴史をもっています。ちなみに，**b** の 1879 年はヴントが世界で初の心理学研究室を開いた近代心理学成立の年といわれています。**a** の 1641 年はデカルトの『省察』，**c** の 1897 年はデュルケームの『自殺論』がそれぞれ出版された年です。

# Introduction 導入

　最初に社会心理学という学問を概観していきましょう。わたしたちは，社会生活を送るなかで，楽しいこともあれば，「息苦しさ」や「生きづらさ」といったことにも直面します。こうしたことは，一見すると個人の悩みにすぎないように映るかもしれません。しかし，そう思わせる背景には，不平等や不公正といった社会問題が潜んでいるかもしれません。また，そうしたことに気づきにくいような問題構造があるからかもしれません。

　わたしたちが意識すらできず，コントロールできない問題もあるでしょう。自分で決めていると思っていることでも，自分の考えが及びもしないところで決まっていて，それに従っているだけかもしれないと言われたら，それに対してどう答えることができるでしょうか。

　こうした問いについて，社会心理学の歴史や方法を概観しながらその発想を理解し，問題を解決したり，生活をよりよくしたりするための道筋を探っていきます。

2　序章　息苦しさを読み解く

# 1 社会心理学とはどのような学問か
本書で目指すこと

　社会心理学というと、どのようなイメージをもたれるでしょうか。本書では、社会心理学の考え方を使って、日常のさまざまな問題を記述し、その原因や解決方法を読者の皆さんと一緒に考えていきます。そもそも、学問の目的はどのようなことにあるのでしょうか。そして何のためにそれを発展させようとするのでしょうか。その答えの1つは、「真理の探究である」ということがいえるでしょう。社会心理学の目的は、**社会における個人の心のプロセス**を明らかにすること、個人の考えや行動によって社会がどのように構成されていくのか、そうした**個人と社会との関係**を明らかにすること、ということができます。そうした真理を科学的に明らかにすることで得られた知見を使って、個人や社会が抱える問題を解決することも、社会心理学の大きな目的です。

　社会心理学の問いを理解し、それへの答えを見出すべく、社会心理学の知見を探究していく上で大事なことは何だと思いますか。それは、問いへの「答え」を見つけるだけでなく、答えを見つけるための**思考法**を身につけるということです。

　社会心理学は、他の学問もそうであるように、日々新たな知見が生まれ、発展してきています。社会心理学の世界でいま現在、何が研究され、どんなことが明らかになっているのかを知るのは社会心理学を学ぶ上で重要なことです。そして、社会心理学の発想を身につけるには、それが誕生して以来、何を問題とし、どのように答えを見つけようとしてきたのかを知ることが役立ちます。そういった意味で、社会心理学の古典的研究に目を向けてみることが有効なの

です。

社会心理学の古典的な理論の1つ，**認知的不協和理論**（cognitive dissonance theory；Festinger, 1957）を例にとってみましょう。これはある事柄について心の中で矛盾する2つの認識（これを「不協和」と呼びます）があるとき，その矛盾からくる不快感を減らすために認識や行動が変化するようになるというものです。ダイエットを例に考えると，「健康のために甘いものを控えよう」という意思と「甘いものを目にするとつい食べてしまう」という自覚とが矛盾することにすぐに気づけるでしょう。そんなとき，わたしたちは「まあ，いいか」とか，「疲れているから甘いものを食べて元気を出そう」とか言い訳を考え，心の中での矛盾（不協和）を低減させるような心理が働きます。こうした考え方は「自分の考えを一貫したものにしておきたい」という原理に基づいており，**認知的一貫性理論**（cognitive consistency theory）として大きくまとめることができます。この発想を活用することで，心の中の何と何が矛盾しているのかを分析することもできるようになります。

## 2 わたしたちを取り巻く息苦しさ
### 社会心理学の対象

### ▭▷ 「社会の問題」として捉えてみる

社会心理学の特徴として，個人と社会との関係を考える学問である，という点があります。わたしたちは社会のなかでさまざまな対人関係をもちながら暮らしています。楽しいこともありますが，息苦しいと感じることもあるでしょう。社会心理学に関心をもち，学んでいくことで，個人の悩みを解決するのに役立てることもできます。それにはただ知識を覚えるというのではなく，知識を使って考

**4** 序章 息苦しさを読み解く

えるというトレーニングが必要です。わたしたちを取り巻く環境で息苦しいと感じるようなことがあったら，なぜそう感じるのか，それを言葉に表してみてください。すぐに言葉にできなくても大丈夫，この本を読み進めながら一緒に考えていきましょう。

　わたしたちは「**心**」という**概念**を知っています。その認識のしかたはさまざまですが，心は個人の内にあるものだと漠然と思っているのではないでしょうか。わたしたちが悩みを抱えるというのは，その心の中で問題が生じている状態だといえます。先に挙げた認知的不協和理論が仮定する心の中の矛盾を解消したくとも解消できないような事態も，心の中の問題としてわたしたちは素朴に捉えがちです。

　ここで，そうした心の中にある問題を，**社会の問題**として捉えてみることはできないでしょうか。再びダイエットの例で考えてみましょう。まずは，どのように自分の行動をコントロールすればよいか，という問題が思い浮かびます。これ自体，重要な社会心理学的な問いです。ではそもそも，なぜわたしたちはダイエットしようと思うのでしょうか。そう思わない人も大勢いるはずです。グローバルに考えれば，食料が世界中の人々に十分に行き渡っていない一方で，肥満の原因となるようなカロリー過多の食生活になりがちな環境におかれた人々もいます。また，スイーツを楽しむことは生活の質の向上にとって大切なことかもしれません。食品会社はそれを宣伝し，SNS では魅力的な写真が配信されています。他方，SNS で知り合いが配信する情報に対して，スタイルがよくてうらやましい，自分もそうなりたいと思う一方で，その人にはかなわないと思ったり，落ち込んだりすることもあるでしょう。こうした情報によってわたしたちの考えや行動が変わることを社会的影響と呼びます。さらに，わたしたちは周りから影響を受けるだけでなく，周りにも影

響を与えています。わたしたちは他者と比較しながら，自分自身をも評価しているのです。

　このように考えていくと，個人的な問題や悩みを社会の問題として捉えることができます。自分の内側に目を向けるばかりではなく，社会に目を向け，そこで起こっていることを言葉にすることで，自分を悩ませている問題を考える糸口をつかむことができるはずです。社会心理学はそうした問題を分析するための道具を提供してくれます。

　社会学者のミルズは，われわれの日常生活にとって疎遠な公的な問題と，身近な個人的な問題とを結びつける能力，つまり「**社会学的想像力**」を身につけることの重要性を訴えています（Mills, 1959；山岸，1990）。個人が考えていることや，喜んだり悲しんだりすることは，社会全体の問題とつながっています。1人ひとりの人間が，これは自分の個人的な問題だと思っていることが，じつは社会全体の問題を映し出しているのだということを明らかにすることに，社会心理学の役割があるといえます（山岸，1990）。本書を通じて，こうした問題が生じる原因や解決の方策を，社会の問題として考えてみましょう。

### ▭▷　隠されている不公正を発見する

　日頃，ニュースを見ていると，何ともいえない不快な気持ちになることがあります。社会心理学のレッスンとして，なぜ不快な気持ちになるのか言葉で説明することを試みてみましょう。一例として，自分の知らないところで不公平な状況が生じていて，その状況に身をおくことを想定するといたたまれなくなるといったことを考えてみます。

　買い物をするとポイントが貯まるというしくみがあります。ポイ

**6**　序章　息苦しさを読み解く

ントが貯まれば商品と交換できたり，別の買い物に使うことができますが，そのつどポイントのことを考えたり，ポイントのカードやアプリを提示するのが面倒だったりすることがあります。使えたかもしれないクーポンを出し忘れたときに悔しく思うこともあります。一見すると，こうしたポイントは消費者が得をするしくみに思えますが，その原資は消費者が広く浅く負担することで確保されています。このことに気づくと，同じ買い物をする際にポイントを貯めないのは，自分が得るべきものを他者に横取りされていることと同じだと捉えることができます。個々の損得だけでなく，全体に目を向けてみることが鍵になります。

　同様の例として，無料やごく低価格で提供されるサービスを考えてみましょう。買い物をする際のレジ袋は，環境への配慮といった観点から無料配布が規制されるようになりました。エコバッグを自主的に使うことで過剰包装を断ることは社会に貢献しているように見えます。しかし，レジ袋や包装にかかるコストは，袋代や包装代として支払う分だけでなく，商品に広く薄く上乗せされる形で全消費者が負担しているといえます。飲食店での「ライス無料」というのも同様です。これらの事例に共通するのは，皆で負担していながら，特定の人たちだけが得をしていることに加え，そのしくみを気づきにくくさせる問題の構造があるということです。

　以上のような，ポイントを貯めるとか，「無料サービス」といった身近に見られる事例の問題構造が，社会のさまざまなところに形を変えて存在しています。そのことに気づきにくいがゆえに「何となく自分は損をしているのではないか」という気持ちにさせられてしまうのです。

## ▷ 違和感を言葉にする

「何となく変だ」という思いを具体的に言葉にすることができれば，声を上げて社会を変えていくことにもつながります。しかし，一部の人が声を上げたとしても，社会全体を変えていくにはハードルがあります。自分の考えていることが社会で多数派を占めれば，そのことを発言することは容易ですが，**少数派**だと自分の意見を公表しづらいという現実があります。これも社会心理学で説明される現象です。結果として，言いたいことを言えずに個人の問題として悩みを抱えたままになってしまうのです。

何となく腑に落ちない，個人の問題だからと他の人に伝えにくい，そのようなことが積もり積もって，わたしたちそれぞれが「息苦しい」と感じる社会になってしまうといっても過言ではないでしょう。言葉にできない不満はストレスとなり，それが他者を攻撃することにもつながります。ものごとが腑に落ちない原因をよくよく考えてみると，そこには人々が当たり前のように受け入れている不公正のしくみが見えてくるかもしれません。

本書で取り上げるいくつかのトピックを使えば，上述のようなわたしたちを息苦しくさせている原因を，言葉で説明できるようになります。問題解決の糸口の発見を目指していきましょう。

## 3 社会心理学の歩みを振り返る

ここで，社会心理学の歴史について概観してみましょう。過去に先人たちが行った研究がどのような時代を背景とし，学問として何を目指し，どのように社会心理学を発想したのかを知ることで，社会心理学の理論や考え方の理解を助けることになります。

8　序章　息苦しさを読み解く

社会心理学は20世紀前半から21世紀にかけて，大きく次のような段階を経て発展してきました。それぞれの時代に世界で何か起こったのか，あわせて考えてみましょう。

## ▷ 行 動 主 義

**行動主義**とは，端的にいえば「刺激」と「反応」との対応関係を徹底的に追求することで，行動の説明，予測，制御を行うという考え方です。ここで刺激とは社会から受けるさまざまな影響であり，反応とは刺激が与えられたときの行動の変化であると，まずは捉えておきましょう。そこには，人間の心をブラックボックスと捉え，個人の情報処理のしくみや価値観などを想定しなくても，おかれた状況を変化させることで個人の行動を説明できるという発想があります。心理学では20世紀半ばまで行動主義心理学が主流で，「刺激と反応の関係がわかればよい」という発想は，**第8章**で述べるような，人々の行動変容を導く社会政策と通底するものがあります。

## ▷ 社会的認知

心をブラックボックスと捉える行動主義に対して，心のメカニズムの解明を進めてきたのが**社会的認知**の研究です。1970年代，コンピュータの技術の進歩に合わせるかのように，心のはたらきを情報処理のしくみとして捉えようとする考え方が興隆しました。入力される社会性をもった情報を処理し，さまざまな反応へとつながるプロセスが検討されています。わたしたちが他者をどのように認識するのか（**対人認知**），どうしてそうした行動をとったのか（**原因帰属**），といった社会心理学の中心的なトピックは，さまざまな工夫された実験を通じて解明されてきました（こうした心のプロセスの解明については➡第1章）。

3 社会心理学の歩みを振り返る **9**

## 文化と心の関連

　社会心理学は，アメリカやヨーロッパにおける研究が中心となって発展してきました。そこで得られた知見は世界中どこに住んでいる人や社会に対しても成立するのでしょうか。わたしたちの心のはたらきが，それぞれ固有の特徴をもつ社会において共有されてきた慣習とどのように関係しているのかを検討するのが**文化心理学**です。文化が違えば心のプロセスも異なってくることについて，文化間の比較によって実証が進められています。それはいわれてみれば当たり前のようなことですが，そうした文化の違いを超えてなお共通する心のプロセスとはどんなものかが大きな問いであるといえます。

　文化心理学による研究は，常識的に語られることにも疑問を投げかけます。例えば，日本は集団主義といわれることがありますが，必ずしもそうとはいえません（高野，2008）。日本人の多くは自分と関係のある他者には協力するけれども，見知らぬ人に対しては「赤の他人」として関係を積極的にもとうとしないこともあります。日本人にとっての集団とは何か，解像度を上げて考えることが必要となってきます。

## 適応と進化心理学

　**適応**という言葉は「新しい職場に適応している」など日常でも使われます。もともと生物学では，生存や繁殖上で有利になる形態や行動をとることとされますが，心理学でも「生活環境に個体が適合できている状態」を指します。人類はこれまでさまざまな危機を乗り越えてきましたが，それは直面してきた社会環境を有利に生き抜くための行動をとってきた結果であり，人間の心の性質は，いわば進化の過程で獲得してきたものともいえます。この進化心理学的な視点に立てば，例えば利他的な行動は，一見すると自分の利益にな

りませんが，お互いに協力しあうことにより社会として生存や繁栄に有利なように働いてきた行動だといえます（⇒第9章）。他者を助けなかったり，助けてもらっても感謝をしないと，利己的な人だという評判が立ち，その社会でうまくやっていけなくなる，といえば現代の社会においても理解できるでしょう。そうしたことをわたしたちは積み重ねて現在に至っているのです。

# 4　相互作用とは何か

「社会心理学は人と人との相互作用，個人と社会との相互作用を扱う」と多くの社会心理学のテキストに書かれています。では，この**相互作用**とはいったい何でしょうか。わたしたちは他者の行動を予想して自分の行動を決めることがあります。同様に他の人もあなたを含む他者の行動を予想しながら自分の行動を決めています。だれしもが独立して行動するのではなく，お互いの行動を意識しながら行動することで社会の動向が決まってくるのです。

## ▷　心の理論と相互作用

人々が相互に影響しあうことが社会心理学における相互作用です。ここでは，**心の理論**（theory of mind ⇒第9章）の1つとしてルイス（Lewis, 2003）が紹介する認知発達の4段階から，相互作用とは何かを考えてみましょう。

第1段階　I know（わたしは知っている）
第2段階　I know I know（わたしは自分が知っていると知っている）
第3段階　I know you know（わたしはあなたが知っていると知っ

ている）
第4段階 I know you know I know（わたしが知っていることをあなたが知っているとわたしは知っている）

第1段階の単に知識があるという段階から，第2段階では知識の有無を俯瞰する**メタ認知**へと移行します。さらに第3段階では，他者と知識を共有していることが意識されるようになります。この時点で，相手をだますことができるようになる認知段階となります。第4段階では，相互に**相手の視点**をとることができるようになります。自分が知っていることと相手が知っていることを相互にチェックでき，知識の違いも理解できる段階です。わたしたちは発達するにつれ，相手の立場に立って考えることができるようになりますが，こうしたことを通常は無自覚に行っています。社会心理学で相互作用を扱うというのは，このような視点の交換を意識し，それがお互いの行動にどう影響を与えあうのかを検討していくことです。

## ▷ 意図せざる結果

個人と社会との間でも相互に影響しあう関係が見られます。個人の行動が積み重なって社会全体の動向が決まってくる一方で，社会の動向によっても個人の行動が変わってくることがあります。大型連休や年末年始の時期にはレジャーや帰省で高速道路の渋滞が予想されますが，それを回避しようと多くの人々が日程やルートを変えると，結果として渋滞が起こらず，別の日程やルートで渋滞が生じることがあります。個々人の意図とは裏腹の結果が生じるということが重要な点です。このような「**意図せざる結果**」は社会のさまざまなところで観察されます。社会心理学の考え方が応用できる重要なトピックといえます。

# 5 実験で読み解く心理

## 実験とは何か

社会心理学ではさまざまな方法で研究が進められています。その代表的な方法は**実験**です。実験は因果関係を明らかにする手法であり、原因と想定される**要因（独立変数）**を変化させ、その結果として表れる人々の行動や生理状態といった**結果（従属変数）**を測定することにより、原因と行動との関係を明らかにしようというものです。ここでは、実験とは何かを考える材料として、**賢馬ハンスの逸話**を紹介します（三井，1991）。

ハンスは人間の言葉や計算ができる馬として評判が立っていました。実際にハンスは簡単な計算の正解を前脚の蹄を叩く回数により示すことができました。「1＋3」と書いて示せば蹄を4回叩くといった具合で、その真偽をめぐってさまざまな検討が繰り返されました。テレパシーが使われているのではないかといったことも議論されました。わかっていることは質問者がインチキをして答えを教えているわけではないということです。こうしたとき、皆さんならどうやってハンスが本当に計算できているかを確かめますか。

そのヒントはハンスがどのようなときに解答を誤ったり、いつもと違う行動をとったりするかということでした。それは、①質問数が多すぎる場合、②眼帯をしたりピンと跳ね上がった口ひげをした男性が質問者の場合に回答を拒否したこと、③正解が1の場合に蹄を2回打つことがあったということです。

結論としては、次のような実験によりハンスの能力が確かめられました。まず、質問者が正答を知っているかどうかという要因です。

5　実験で読み解く心理　13

知っている場合（実験条件）の正答率は 98% で，知らない場合（統制条件）は 8% に低下しました。この実験でわかることは，何らかの方法で質問者がハンスに正答を伝えている可能性があるということだけです。次に，正答を知っている質問者をハンスが見ることができるかどうかという要因が検討されました。質問者を見ることができる場合（実験条件）の正答率は 82%，それに対してハンスに眼帯をつけて見ることができない場合（統制条件）は 24% に低下しました。どうやらハンスは出題者から何らかの情報を読み取っていたということがわかりました。さらに，どんなときに正答率が下がるかを調べてみると，ハンスと質問者との距離が大きくなるときと，あたりが暗くなるときでした。ここで質問者の行動を分析してみると，質問を発した後に上体を多少前かがみにしてハンスの様子に着目していること，ハンスの蹄を打つ回数が正答に近づいてくると上体を多少そり返して背伸びをする姿勢をとることがわかりました。そう，ハンスは質問者の姿勢に着目し，その変化から正答を見出していたのです（姿勢の変化を読み取れるとすれば，それはそれでハンスは優れた能力をもっていたわけです）。

　この逸話で着目すべき点は 2 つあります。1 つめは，原因を特定するために仮説を立てて実験を順に組み立てるということです。ここでいう仮説とは，質問者が正答を知っている場合に正答率が高くなるとか，ハンスが質問者を見ることができる場合に正答率が上がるといったことです。2 つめは，この逸話における質問者の姿勢の変化は当人にも意識されないような微妙なものであったということです。質問者は自分の姿勢が手がかりになっているという認識がまったくなく，本当にハンスが正答を答えられていたと信じていたことになります。このことは，心理学の実験実施における注意すべき点に対して大きな示唆を与えています。つまり，実験者が仮説を

知っている場合には，実験者本人が気づかないうちに，実験参加者に対して何らかの手がかりを提供してしまう可能性があるということです。実験者が期待する行動を実験参加者がとった場合に，ついうれしくなってしまって微笑んでしまい，実験参加者が意図せずして実験者の期待に応えてしまうようなことです。ここに，**実験者と実験参加者の相互作用**を見てとることができます。このようなことが起こらないように，心理学の実験では仮説を知らない人が実験者を務めるという手続きが求められることがあります。

　また，実験によって仮説を支持する結果が得られるということの意味は何でしょうか。仮説が「証明された」ということでしょうか。そうではなく，仮説によって説明される推論の確からしさが確認できたということなのです。設定する状況を変化させれば結果が変わってくるかもしれません。同じ実験を対象や時代を変えて行ってみたり，設定を少しずつ変えて行うことによって，仮説をより精緻に理解していくことができるのです。

　以上のような実験の理解は，社会心理学の研究を進めるためだけでなく，わたしたちが日常生活のなかで行っている活動の理解にも役立ちます。何気ない普段の出来事を自覚的に捉え，事がうまく進んだり進まなかったりしたときに，その原因を考えてみることで，生じた問題を解決したり，生活をよりよくしていくことにつながるかもしれません。

## ▷ さまざまな研究方法

　社会心理学の研究方法は，実験以外にも調査や観察，インタビューなどがあり，結果の分析方法もさまざまです。本書に限らず社会心理学のテキストではさまざまな実験が紹介されます。実験が重要である1つの理由は，場合分けして結果を予想することがで

5　実験で読み解く心理　**15**

きるということです。他方，アンケート調査では厳密には因果関係は特定できません。しかし，対象者を複数のグループに分けることで結果の違いを解釈することができます。観察やインタビューでも同様です。つまり，実験の考え方は，他の研究方法にも通じます。

わたしたちが現実を捉える際に，「こういう場合はこうだった」という経験を重ねていくことで，実験的に世界を見ることができます。しかし，それを安易に信じてしまうと誤った結論を導いてしまうことにつながります。その典型例が「晴れ男」とか「雨男」といった経験則です。「旅行に行くときにあの人がいるといつも雨」とか，「日頃の行いがよいので晴れた」いうのは，もちろん誤った因果推定です。人間の行動によって天候がコントロールできるわけではないことには気づけます。それでも素朴に2つの事象を関連づけてしまうのです。これは**誤った関連づけの認知**とか**錯誤相関**（Hamilton & Gifford, 1976）といいます（⇒第2章）。ここで大事なことは，わたしたちはものごとの原因を素朴に追究しようとすること，その際に複数の事象を関連づけて理解しようとすることです。それを自覚できるようにしておくことは社会心理学を学ぶ意義といえるでしょう。

社会心理学では，どのようなときに人は共通して判断を誤るのかということも明らかになっています（⇒第6章）。認知バイアスと呼ばれるものがそれにあたり，いわば「**心のクセ**」（村山, 2023）ですが，進化の過程で環境に適応できるよう獲得されてきた機能といえます。心の特徴を理解しながら，日常のなかで抱く心の問題を社会との関連で考えていきましょう。

## Summary　まとめ

　本章では，わたしたちの生活における息苦しさの原因の理解やその解消に向けて社会心理学はどう貢献しうるのかを，社会心理学の歴史や特徴を概観しながら考えてきました。社会心理学において個人は社会から影響を受け，また社会に影響を与える存在であり，わたしたちは常に他者の存在や考え方・行動を意識して生活を送っています。個人的な問題だと思えることもじつは社会の問題であり，社会の構成員共通の問題として捉えることができます。社会がどのような状況にあるかは，社会心理学の研究にとって常に考えなければならないことであり，それぞれの時代や文化において社会心理学に要請されることも変わってきます。世の中の変化に合わせて人々の行動や社会の動向を捉えていくには，実験による因果関係の推論も含めさまざまな方法や観点から研究を積み重ねていく必要があります。以上のような視点から次章以降の内容を探究していきましょう。

### Report assignment　レポート課題

　これまでの人生のなかで「息苦しい」と感じたことを挙げてみましょう。そうした出来事の共通点は何でしょうか。それは他の人たちも感じていることでしょうか。

### Book guide　読書案内

サトウタツヤ・高砂美樹『流れを読む心理学史——世界と日本の心理学』
　補訂版，有斐閣，2022 年

村山綾『「心のクセ」に気づくには——社会心理学から考える』筑摩書房，
　2023 年

山岸俊男『社会的ジレンマのしくみ——「自分 1 人ぐらいの心理」の招く
　もの』サイエンス社，1990 年

*Part*

# I

第 部

## 社会・集団の
## ダイナミズム

### Chapter

1 それはほんとうに自分が決めたこと?

2 偏見・差別はなぜ起こる?

3 不寛容はなぜ起こる?

4 葛藤はなぜ起こる?

# それはほんとうに
# 自分が決めたこと?

第 **1** 章 *Chapter*

行動・意思決定に影響を与えるもの

## Quiz クイズ

アメリカ国内で 1980 年代に行われた実験 (Schwarz & Clore, 1983) では, 天気が晴れの日, もしくは雨の日のいずれかに, ランダムに選ばれた番号に電話をかけて, インタビューが行われました。このとき, 「あなたはどのくらい人生に満足していますか? 1 点から 10 点の間でお答えください」という質問に対し, 晴れの日にインタビューを受けた人々の回答平均は 6.57 だったそうです。では, 雨の日に同じ質問をされた人々の回答平均は, いくつだったでしょうか。

**a.** 4.86　　**b.** 5.52　　**c.** 6.47

## Chapter structure 本章の構成

**経験から得た情報** ＞ **意識しない心のはたらき** ＞ **息苦しさ 思いどおりにならない 「自分で決めた」は 思い込み?**

・記憶・知識　　　　・自動化された認知　　　・意思決定・選択
・感情　　　　　　　　　　　　　　　　　　　　・自由意志

## Answer クイズの答え

**a.**

雨の日のほうが晴れの日よりも，人生に対する満足度が低いという結果でした。天気の良し悪しが判断に影響していたことがうかがえます。ただし，こうした影響に人々はたいてい気づきません。

## Introduction 導入

　本章のテーマは，**社会的認知**と**自動性**です。社会的認知とは，人間が自らを取り巻く社会的環境のありさまを理解し，それに対して働きかけることを指します。この認知に関わる心のはたらき（情報処理プロセス）は，とても効率的で，その大半が非意識的・自動的に進行するといわれています。

　1節では，わたしたち人間が複雑な社会的環境に囲まれながら，状況に応じた適切なふるまいをスムーズに実行していくために，自動的な認知プロセスが必要不可欠なはたらきをしていることを解説します。では，認知の自動性は，どのようなしくみによって可能になっているのでしょうか。続く2節では，自動的な認知プロセスが記憶システムによって支えられていることを説明します。その次の3節では，認知プロセスにおける感情の役割について取り上げます。最後に4節では，こうした認知の自動性によって，時にわたしたちが感じうる「息苦しさ」に注目します。認知プロセスが自動的に進行するがゆえに，意図したとおりに自分の反応をコントロールできず，はがゆい思いをすることもあるでしょう。また，自分自身の思考や行動について「自ら意思決定して，意図的にコントロールしている」と考えるのは，もしかすると思い込みにすぎないのかもしれません。こうした「必ずしも思ったとおりにならない」問題は，後続の章で取り上げるような，人間関係や社会のさまざまな課題にも関係しています。

# 1 意識しない心のはたらき
社会的認知と自動性

## ▷ 自動化された認知プロセス

　心理学における**認知**（cognition）という用語は，人間が環境のありさまを知り，それに対して働きかけることを指します。ここでいう「環境」とは，人間を取り巻くすべてのものごとを意味しており，空間的にも時間的にも幅広いスパンをもちうるものです。すぐ目の前にある身近な環境から，はるか遠く離れた見知らぬ場所まで。いまここで起きていることから，過去に起きたこと，そして未来に起きうることまで。わたしたち人間は，知覚や記憶といった認知機能を使って，こうした環境についての情報を取り入れ，保存します。さらに，それらの情報を利用して，思考し，行動します。こうした心のはたらきを，心理学では「認知」と呼んでいます。

　例えば，「階段を昇る」という日常的な行為を取り上げて，認知のはたらきについて考えてみましょう。このときに中心となる環境要因は，「階段」です。目の前にある階段を一目見るだけで，あなたの脳はその奥行きを計算し，立体的な構造を把握します。そして，どのくらいの角度で足を持ち上げて踏み込めばよいかを判断して，身体全体がバランスよく動くように制御します。こうした認知の過程（プロセス）は，きわめて効率よく短時間のうちに，意識されることなく進行します。ですから，わたしたちは階段を目前にして「うーん，段差は何センチあるかな」と考えるために立ち止まったり，その段差に目を凝らしながら慎重にそろそろとつま先を降ろしたりする必要はありません。迷いなく，そして流れるような動作で，あなたは階段を昇っていくことでしょう。それは，過去にさまざ

な階段の昇り降りを何千，何万回も繰り返した経験を通じて，知覚と対応した行動制御を十分に学習したおかげです。つまり，経験の反復によって一連の動作が記憶され，自動的な認知プロセスとして実行されるようになったのです。

　もう1つ例を挙げます。階段は固定された静的な環境要因といえますが，今度は，もっと急激な変化と動きを伴う状況について考えてみましょう。あなたが道を歩いていると，突然，背後でガシャーンと大きな音がしました。あなたは思わず飛びのいて，身をすくめます。心臓がドキドキしているのを感じながら恐る恐る振り返って見ると，すぐ背後で自動車がガードレールに突っ込み，歩道に乗り上げていました。幸いなことに怪我人はいない様子ですが，もし自分があのとき瞬時に飛びのいていなかったらどうなっていたか……と思うと，あなたは恐ろしくなって身震いしました。こうした危機的な状況の知覚や，それに対するとっさの行動制御と身体的感覚の経験などにも，素早く一瞬のうちに進行する認知プロセスが関与しています。「これは危ない状況だな，よし，避けよう」などとのんびり考えている余裕はありません。聴覚系で大きな音が知覚されるや否や，意識の介在しない瞬時の判断と行動制御によって，危険から身を守る反応が生じたのです。また，このプロセスには"驚き"や"恐怖"といった感情も関わっています。これらの反応は，経験から学習されたものというよりも，生物進化の過程で獲得されてきたもの，すなわちすべての人間が生まれながらにもっている心のしくみが大きく関与しています。

　ここで説明したかったのは，人間の認知プロセスがどれほど自動化されていて，効率的なものであるかということです。そのプロセスでどのような情報処理が生じているのかについて，本人が意識することはほとんどありません。しかしながら，改めて考えてみると，

こうした自動的・効率的・非意識的な認知プロセスは，人間が生きていく上で重要な，欠くことのできないはたらきをしています。このはたらきのおかげで，わたしたち人間は，めまぐるしく変わりゆく多様な環境に対して，そのときの状況に適した反応を素早く実行できるからです。つまり，人間が環境と適切に相互作用するために，必要不可欠なものだといえるでしょう。

### ▷ 社会生活を営むための認知プロセス：社会的認知

さて，ここからが本章の本題です。本章のテーマ，**社会的認知**（social cognition）とは，何を意味するのでしょうか。ここまで説明してきた「認知」（cognition）の前に，「社会的」（social）という言葉が加わっています。思い返してみると，認知とは，人間が環境のありさまを知り，それに対して働きかけるためのしくみのことでした。したがって，ここに「社会的」が加わるということは，人間が「社会的」環境のありさまを知り，それに対して働きかけることを意味するということになります。

そもそも，心理学でいうところの「社会」とは，人と人の関わりあいのことを包括的に指します。そのなかには，個人と集団の関わりあい（集団レベル）や，個人と個人の関わりあい（個人間レベル），そして個人が自分自身と関わりあうこと（個人内レベル）といった，いくつかのレベルが含まれています。そして，わたしたち人間を取り巻く社会的環境にはさまざまな次元があります。いま目の前にいる人から，はるか遠い地に暮らす見知らぬ人々まで，現代社会の人間関係は地球規模の空間的次元の広がりをもちます。さらには時間的次元の広がりもあり，過去に自分に起きた出来事について記憶をたどることもあれば，未来に起きうる出会いとその展開に思いをはせることもできます。

1 意識しない心のはたらき **25**

社会的認知とは，こうした複雑な関係性を含む社会的環境について，わたしたち人間が情報を取り入れて理解し，その理解に基づいて働きかけることを指します。その心のはたらきは，わたしたちが社会生活を送るために必要不可欠なものです。ここでは，他者について知るしくみ，すなわち**対人認知**と呼ばれる過程を取り上げて，考えてみましょう。例えば，いま目の前にいる人物と"適切に"関わりあうために，あなたが相手について知るべきことはたくさんあります。この人とは初対面か，それとも既知の間柄なのか？　機嫌は良さそうか，それとも悪そうか？　いま話しかけてもよいだろうか，それとも後にしておくべきか？　目上の相手として扱うべきか，それとも対等な／目下の立場にある相手なのか？　そもそもこの人と会うのは一度きりで終わりなのか，それとも今後も関係性は続くのか？　こうしたさまざまな理解に基づいて，あなたは口を開いて相手に話しかける（あるいは話しかけない）という行為や，話す内容やその口調などについても選択を行います。こうした対人認知のしくみは，**第2章**で詳しく説明します。

　先に述べた認知プロセスと同様に，社会的認知に関わるプロセスも，その大半が自動化され効率的に働きます。その情報処理過程は本人が意図せずに始まったり，意識されないままに進行したりします。例に挙げたような，目の前にいる相手に関するさまざまな理解や判断・行為選択についても，自動的に脳内で情報処理が進みます。たいていの場合，その過程で起きていることについて本人は無自覚であり，そこにどのような要因が影響しているのかを意識することは稀です。

　こうした自動的な社会的認知のプロセスのおかげで，わたしたち人間は，複雑かつ変化の激しい社会的環境において，その場に応じた適切な反応を素早く実行できるのです。極端な例を想像してみる

**26**　第1章　それはほんとうに自分が決めたこと？

と，もし他者に出会うたびに「この人はだれかな」「どう対応すべきだろうか」などと，いちいち時間と労力をかけて考え込んでいるようでは，まともな社会生活を送ることはできないでしょう。実際の日常的な場面における他者とのやりとりは，もっとスムーズに，迅速に行われます。例えば，あなたが教室にいて授業が始まるのを待っているときに，仲のよい友人がやってきたら「おはよう，ここ座る？」などと笑顔で話しかけて，隣の席を指さしたりするかもしれません。じつは，ここまでの一連のものごとの流れと反応が生じる間に，あなたの脳内で膨大な量の情報がものすごいスピードで自動的に処理されています。他者の存在にまず気づき，自分と相手の関係性（例：仲のよい友人）を判断し，相手の意図（例：授業を受ける）を理解して，それに応じた言動を返す（例：席を提供する）という非常に複雑で高度な処理を，あっという間に，何気なくやってのけたというわけです。このようにして，社会的認知のプロセスの大半が自動的に進行することは，わたしたち人間がスムーズに他者と関わりあいながら社会生活を送るために，大いに役立っています。

では，社会的認知の自動性は，どのようなしくみによって可能になっているのでしょうか。続く2節では，自動的な認知プロセスが記憶システムに保存された知識によって支えられていることを説明します。

## 2 経験から得た情報を蓄えて，利用する
記憶と知識表象

▷ **社会的認知を支えるもの：記憶**

わたしたちの自動的な社会的認知のプロセスを支えているのは，記憶システムです。この記憶システムには，過去の経験から得た豊

富な情報が**知識表象**として蓄えられています。しかも，雑多な知識の寄せ集めではありません。これらの知識表象は，構造化されたネットワークを形成していると考えられています（Collins & Loftus, 1975；**図1-1**）。このネットワーク構造において1つひとつの知識表象を表すもの（図中の楕円）を，ノード（結節点）といいます。そして，これらの概念の意味的な結びつきを表すもの（図中の線）を，リンクといいます。心理学では，概念同士が意味的に結びつけられることを連合（association）と呼ぶため，この**図1-1**に表された構造は**連合ネットワーク**（associative network）と名付けられています。

「みかん」を食べたことがありますか。多くの方が，これまでに数えきれないくらいの「みかんを食べる」経験をしてきたことでしょう。そして，その経験から得られた豊かな情報が，記憶システム内に知識表象の連合ネットワークとして蓄えられているはずです。この連合ネットワークに含まれる知識表象には，さまざまな種類のものが含まれます。**図1-1**を見てください。これは「みかん」という概念を含む知識表象の連合ネットワークを表したものです。「みかん」の概念には，「果物」「植物」といったカテゴリを表す表象や，また「食べる」などの行為を表す表象，「酸味」「甘い」といった感覚を表す表象など，多様な情報が含まれていることがわかります。

これらの知識表象は，関連するものごとを見聞きしたり（知覚），そのことについて考えたり（思考）することによって，活性化します。活性化とは，その情報が使われやすくなっている状態のことを意味します。例えば，みかんの実物やイラスト・文字で表されたものを目にしたり，だれかがそう言うのを聞いたりすると，記憶システムのなかで「みかん」の知識表象が活性化されます。

さらに，1つの知識表象が活性化すると，それと連合している（リンクで結びつけられている）他の知識表象も活性化します。こうし

**図 1-1** 記憶システム内の知識表象の連合ネットワーク

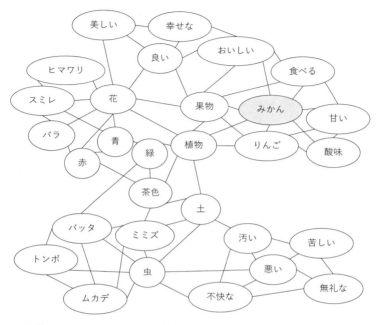

（出所）Collins & Loftus, 1975 をもとに作成。

て次々と，リンクでつながった知識表象に活性化が広がっていくことを，**活性化拡散**と呼んでいます。例えば「みかん」という言葉を聞いたら，それと結びついた知識表象が活性化することで，オレンジ色で丸い形状が目に浮かんだり，皮をむく動作や感覚を思い出したり，甘酸っぱくてさわやかな味が口の中に広がることを想像したりしやすくなります。つまり，こうした記憶システムに支えられて，わたしたちの判断・思考・感情・行動に関わる自動的な認知プロセスが実現しているのです。

◻▷ **活性化された知識がもたらす影響：プライミング効果**

　では，記憶システム内で活性化した知識表象は，どのような影響をもたらすでしょうか。活性化された知識表象がもたらす情報は，その後の情報処理プロセスにおいて用いられやすくなり，結果として思考・判断・感情・行動などに影響を及ぼします。この現象は，**プライミング効果**（priming effect）という名で知られています。

　例えば，ヒギンスらの研究（Higgins et al., 1977）では，人物の印象形成においてプライミング効果が生じることを示す実験が行われました。この実験では，まず，半数の参加者に「勇敢な」等といったポジティブな性格特性語を読み上げる音声を，残り半数の参加者には「無謀な」等のネガティブな性格特性語を読み上げる音声を聴かせます。続いて，先の音声呈示とは無関係な課題として，ドナルドという名前の人物のさまざまな行動を描写した同一の文章を読んでもらい，この人物の印象を回答させました。すると，先にポジティブな性格特性語を聴かされていた群は，ドナルドについて好ましい印象を答えました。一方，先にネガティブな性格特性語を聴かされていた群は，好ましくない印象を答えました。この結果から，ポジティブ／ネガティブな性格特性語を知覚したことが，関連する知識表象を活性化させ，ドナルドの行動描写を解釈するときにそれぞれの知識をあてはめたために，異なる印象判断が生じたのだろうと考えられます。

　知識表象の活性化とその影響は，きわめて短時間のうちに生じ，また，その大半が意識されません。つまり，自動的なプロセスとして進行します。**連続プライミング課題**（serial priming task）と呼ばれる実験手続きを用いると，その自動的なプロセスの影響を検証することができます。**図1-2** は，連続プライミング課題の一種（評価プライミング課題と呼ばれる）の典型的な手続きを表しています。まず，

**30**　第 1 章　それはほんとうに自分が決めたこと？

**図 1-2　連続プライミング課題の手続き**

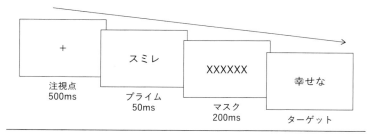

画面中央に注視点が現れ，それに続いてプライム（先行刺激）が短時間呈示されます。その直後にマスクと呼ばれる先行刺激の残像を消すための画像が表示され，最後にターゲット（後続刺激）が呈示されます。このとき，プライムとターゲットの間に意味的な関連がある場合，ターゲットに対する判断に要する反応時間がわずかに短くなります。プライムの知覚によって生じた知識表象の活性化が，連合ネットワークを通じて拡散され，ターゲットの知識表象も活性化されるためです。例えば**図 1-2**のように，まず「スミレ」といった花の名前がプライムとして呈示されることによって，その表象と連合する「花」や「良い」といった知識表象も瞬時に活性化されます。プライムに続いて呈示されるターゲット（「幸せな」）について，良い意味をもつ単語か，悪い意味をもつ単語かを判断するときに，「良い」と判断するスピードが速くなる傾向が見られます。一方，「ムカデ」といった虫の名前がプライムとして呈示されると，それと連合する「虫」や「悪い」という知識表象にも活性化が拡散します。プライムに続いて呈示されるターゲット（「苦しい」）について，良い意味をもつ単語か，悪い意味をもつ単語かを判断するときに，「悪い」と判断するスピードが速くなる傾向が見られます（本章末の*Report assignment*のウェブサポートからこの実験手続きを体験し，自分の

結果を確認することができます。ぜひ試してみてください)。

興味深いのは，プライムとなる刺激やその影響について本人が気づいていない場合でも，プライミング効果が生じうるということです。図1-2の手続きにおいてプライムの呈示時間をきわめて短く (例えば10ms〔ミリ秒〕に設定) した場合，画面に何かちらりと表示されたことはかろうじてわかるものの，その内容が何であったのか，実験参加者はほとんど気づくことはありません。ただし，非意識的なレベルで情報処理が生じるには十分な時間であり，それに対応した知識表象が活性化されることによって，認知プロセスに影響を及ぼしうることが示されています（⇒第2章）。

このような自動的な認知プロセスのはたらきによって，本人が気づかないままに，さまざまな外部刺激を知覚して知識表象が活性化され，判断・思考・行動に影響が及ぼされていることがあります。これは，心理実験の課題に取り組むときに限られた現象ではありません。日常生活のなかでも，似たような事態が生じることがあります。例えば，ニュースや広告で目にしたり耳にしたりした内容が関連する知識表象を活性化し，あなたの思考や行動に影響を及ぼしている可能性があります。場合によっては，他者に対する印象やふるまいにも影響が及び，気づかないうちに偏見や差別を生み出しているかもしれません。こうした問題については，第2章において詳しく取り上げ，考えていきたいと思います。

## 3 「感じる」と「考える」は切り離せない
### 感情と思考

▷ **社会的認知に影響を及ぼすもの：感情**

では次に，社会的認知のプロセスにおいて，**感情**（affect）がどの

ような役割を果たしているかについて考えましょう。

　感情には，大きく分けて2種類あるといわれています。1つは**気分**（mood）と呼ばれ，弱いレベルではあるが数時間・数日間にわたって感じ続けるポジティブ／ネガティブな気持ちのことを指します。とくに原因はないけれども，この頃なんだか落ち込んでいるなとか，明るく元気に過ごせているなと思ったら，それは気分状態を感じ取っているということになります。一方，急激に強いレベルまで高まるものの，時間経過とともに弱まったり変化したりするものを**情動**（emotion）と呼んでいます。例えば，怒りがこみあげて大声で怒鳴りそうになったとき，少しの間ぐっと我慢していると，しだいに気持ちが落ち着いてくることがあります。このように，情動は波のように押し寄せては引いていくという性質をもっています。

　感情は，進化の過程で個体が生き残るために重要な役割を果たしてきたといわれています。ポジティブな感情は，食べ物を手に入れたり仲間に近づいたりする接近行動を引き起こします。ネガティブな感情は，敵となる相手と戦うための攻撃行動や，危険な場所や対象から遠ざかるための回避行動を引き起こします。さらに，そうした「生き延びる」ための反応の一環として，自律神経系や免疫系などの生理的反応にも影響を及ぼします。また，ポジティブな感情は，いま自分が好ましく安全な環境にいることを示しており，そうした状況だからこそ簡便な方略を使って判断を下すこと（➡第6章）や，思考・行動のレパートリーを広げて新たな可能性を探索することを促すという指摘もあります（Fredrickson & Joiner, 2002）。一方，ネガティブな感情は，いま自分が何らかの好ましくない状況におかれていることを示しており，その状況をよく見極めるための情報収集や慎重判断，その状況に有効な対処をするための迅速な行動実行を促すといわれています。つまり，感情は現在自分がおかれている状

3　「感じる」と「考える」は切り離せない　**33**

**コラム1　情動はどこから生まれるのか**　　「情動はどのように生起するか」という問題は，心理学の歴史において長年にわたって議論されてきたトピックの1つです。この議論の初期，1880年代に提唱されたのが，末梢起源説です。またの名をジェームズ゠ランゲ説といいます。アメリカの心理学者ウィリアム・ジェームズ（William James）と，デンマークの医師カール・ランゲ（Carl Lange）の2名が別々に，そしてほぼ同時期に提唱した仮説であったため，このような別称が付けられました。

　一般的に，「悲しいから泣く」というように，（何らかの刺激を受けて）まず情動が生起し，それに伴い身体的変化が起きるように考えられがちです。これに対して，末梢起源説では，まず身体的変化が起き，それに応じて情動が変化するという逆の因果関係が想定されています。すなわち，「泣くから悲しい」という考え方です。19世紀の当時から，身体と心の間に密接な関係性があり，情動はわたしたち人間が「生きる」ことを強力に支えていることが想定されていたといえるでしょう。この末梢起源説は，情動の起源について活発な議論を呼び起こし，その後，さまざまな理論的・実証的展開をもたらしました。

*Column 1*

況を端的に表すシグナル，もしくは手がかり情報としての役割を果たしており，その状況において適切な反応や行為を促しているのです。このようにして，感情は認知プロセスに影響を及ぼし，異なる判断傾向や行動パターンをもたらします。

### 感情の誤帰属

　このように，感情は状況に応じた適切な反応を促すために役立っています。ただし，わたしたち人間は，いま生じている感情が何に起因しているのかを，必ずしも正確に判断することができません。

何か別の原因によって生じた感情について，誤って他のものが原因であると認識してしまうことがあります。これを**感情の誤帰属**（affect misattribution）と呼びます。

　例えば，この章の冒頭の **Quiz** を思い出してください。そこでは，シュワルツとクロアの実験（Schwarz & Clore, 1983）を紹介しました。彼らは，晴れの日・雨の日のいずれかを選んで，電話インタビューを行いました。晴れの日は爽快な気持ちになりやすく，したがって多くの人がポジティブな感情状態にあるだろうと推察されます。一方，雨の日は落ち込んだ気持ちになりやすく，多くの人がネガティブな感情状態にあるでしょう。こうしたときに電話インタビューを受けて「あなたは人生に満足していますか？」と質問されたら，人々はどのように答えるでしょうか。その日の天気によって影響を受けた感情状態と，あなたの人生全般に対する満足度は，合理的に考えるならば無関連であるはずです。しかし，この実験の結果では，晴れの日には人生満足度の評定値平均が 6.57 であったのに対し，雨の日の評定値の平均は 4.86 でした。これは，そのときの感情状態を，人生満足度を判断するための手がかり情報として用いたためと思われます。言い換えるならば，現在のポジティブ／ネガティブな感情状態をもたらした主要な影響因はそのときの天気であるにもかかわらず，人々は「自分の人生のありかたが原因でこのように感じている」と誤って認識した，すなわち誤帰属が生じていたと解釈できます。

▭▷　**誤帰属は防げるのか**

　ただし，「これは無関連な情報だ」ということを本人が自覚すれば，（ある程度は）誤帰属を防ぐことができます。先ほどのシュワルツとクロアの実験では，もう 1 つの条件を設けて，電話インタ

3　「感じる」と「考える」は切り離せない　**35**

ビューの冒頭で「こんにちは。わたしたちは天気が気分に与える影響について調べています」という前置きを入れました。この短い前置きを入れた条件では、晴れ／雨の日のそれぞれの人生満足度の評定値平均に違いは見られなくなりました。つまり、このインタビュアーのひと言は、天気が感情に影響を与えうることを人々に自覚させ、「いまの感情状態をもたらした主要な原因は天気である」と正しく帰属するようになり、結果として誤帰属を防いだと考えられます。

　しかし、こうした誤帰属を完全に防ぐことは困難です。無関連な原因によって生起した感情が判断や行動に与える影響について、本人が自発的に気づくことはとても稀だからです。さらに、無関連な原因から発生した感情の影響を受けないよう意識的に努力したとしても、その影響を完全に排除することは、きわめて難しいといえます。

　まとめると、感情は、いま現在の状況を端的に表すシグナルとしての役割を果たしており、その場における適切な反応の迅速な実行を促すという役割を担っています。ただし、状況に対応して自動的に生起する感情が判断や行動にもたらす影響力は大きく、その影響を意図的に無視したり、打ち消そうとしたりしても、必ずしも思うとおりにはならないことがあります。

## 4 「自分でそう決めた」は思い込みかもしれない？
自動性と意思決定

▷ 選択の理由

　わたしたちは、いくつかの行動選択肢のなかから「こうすること

に決めた」と**意思決定**をして，その行動を実行に移すことがあります。日常生活はこうした意思決定であふれているといっても過言ではありません。朝ごはんに何を食べるか。何時に家を出るか。どの経路で目的地まで移動するか。こうした各場面において，わたしたちは次々と意思決定をして，それを遂行していきます。

　こうした意思決定について，「なぜそうしたのですか？」と本人に尋ねると，たいていの場合，そう決めた理由を述べることができます。何らかの根拠となるものがあって，それについて（多少なりとも）考慮した上で，わたしはそう決めたのです……と多くの人が答えることでしょう。ところが，ウィルソンとニスベットの実験は，そうした人々の回答内容が「思い込み」である可能性を示しました（➡**コラム2**）。つまり，何かについて意思決定をした後に，本人が「自分はこのような理由で，こうすることに決めました」と説明する内容は，もっともらしい理由をつくりあげた上に，自分でそう思い込んでいただけなのかもしれないということが示唆されたのです。

### ▷ 　自由意志は存在するのか

　さらに，アメリカの生理学者リベットら（Libet et al., 1983）は，脳神経の電気活動を計測する実験を行って，自発的な行為について本人が「こうしよう」と意識的な決定をする約350ms（ミリ秒）前には，非意識的なレベルで行為が始発する準備が始まっていることを指摘しました。この実験では，参加者自身が思いついたタイミングで手を動かす動作をしてもらい，その一連の過程で生じる脳の神経活動を計測します。すると，動作を始める約200ms前に，参加者は「手を動かそう」という意識的な決定をしていたことがわかりました。つまり，意思決定をした後に行為が始まったことになり，ここには何も不思議なことはありません。ところが，意識的な意思

**コラム2　なぜそれを選んだのか**　　ウィルソンとニスベットの実験（Wilson & Nisbett, 1978）では，1列に並べられた4足のストッキングのなかから最も品質の良いものを選ぶように参加者に求めました。その結果として，参加者は右側に置かれたストッキングを選択しやすい傾向が見られました。しかし，じつは4足ともまったく同じストッキングで，品質に違いはなかったのです。つまり，置かれた位置が選択に影響する要因だったことがわかります。ところが，実験者が「なぜそれを選んだのですか」と理由を尋ねると，参加者の多くが「手触りがよいから」といったようにストッキングの特徴に着目して自分の選択理由を説明しました。参加者たちは，なぜ自分がそれを選んだのかという本当の理由（つまり，ストッキングの置かれた位置）に無自覚であり，よりもっともらしい説明をつくりあげてしまったと考えられます。

決定をするよりも約350ms前には，行為を始発することを促す「準備電位」と呼ばれる波形が立ち上がっていたのです。すなわち，参加者がある行為をしようという意識的な決定をする前に，非意識的な脳活動において行為の準備が始まっていたことを意味します。この実験結果を受けて，「人間は自らのふるまいを**自由意志**によって決定している」という考え方は誤りであり，単なる思い込みにすぎないのではないかという疑念を呈する声が上がり，自由意志論争と呼ばれる大きな議論が巻き起こりました。この議論には，いまだに決着がついていません。

　ここまで述べてきたように，人間の意思決定には，非意識的な心のはたらきが大きく関与しています。わたしたちは，なぜ自分がそうふるまうのかという理由について，自らが思っているほどには理解できていない可能性があるのです。

**38**　　第1章　それはほんとうに自分が決めたこと？

# Summary　まとめ

　本章では，社会的認知と自動性をトピックとして取り上げました。人間が社会的環境のありさまを理解し，それに対して働きかけることに関わる認知プロセスは，効率的・非意識的・自動的に進行します。そのはたらきのおかげで，わたしたちは刻々と変化する複雑な社会的環境に囲まれながら，状況に応じた適切なふるまいをスムーズに実行することができます。こうした自動的な認知プロセスは，記憶システムによって支えられており，また感情の影響を大きく受けます。認知プロセスの自動性によって，わたしたちはときに意図したとおりに自分の反応をコントロールできなかったり，必ずしも「こうしたい」と思ったとおりにふるまっているわけではなかったり……という「息苦しさ」を経験するかもしれません。こうした「思うとおりにならない」わたしたちの心が生み出す人間関係や現代社会の問題について，そして各問題にどう対処していけばよいのかについて，後続の章においてより広く，深く考えていきましょう。

## *Report assignment*　レポート課題

　ウェブサポートの「連続プライミング課題」を体験してみましょう。スマートフォン／タブレットで2次元コードを読み込む，もしくはパソコンでURLを入力すると，実験課題が始まります。画面上の指示に従って，取り組みを進めてください。

> ★ウェブサポート
> 連続プライミング課題
> https://psychexp.com/register/MTI1OC1hZTI4ZDg/

　これは，「花」「虫」をプライムとした評価プライミング課題です。プライム（花／虫の名前）の後に続いて，ターゲット（形容詞）が表示されます。ターゲットの形容詞が良い意味をもつか，悪い意味をもつかを判断してください。プライムとターゲットの評価が一致する組み合わせの場合（例えば花→良い，虫→悪い），不一致な組み合わせ（例えば花→悪い，虫

→良い）のときより判断スピードが速くなる（つまり，反応時間が短くな
る）と予測されます。

　実験の最後のページで自分の結果を見ることができます。プライムと
ターゲットの組み合わせによって，反応時間はどのように異なっていたで
しょうか。上記の予測どおりの結果になったかを確認しましょう。この結
果から，知識表象の活性化とその拡散が，自分の判断スピードにどのくら
い影響したか（あるいは，影響しなかったか）を解釈してみましょう。

　実験手続きに取り組んだときに感じたことや，自分の実験結果を見て考
えたことと関連づけながら，社会的認知の自動性について考察しましょう。
また，この実験課題で示されることが，わたしたちの社会生活における考
え方やふるまい方とどのように関連していると思われるかについても，考
えてみましょう。

### *Book guide*　読書案内

唐沢かおり編『社会的認知——現状と展望』ナカニシヤ出版，2020 年
リベット，B. ／下條信輔訳『マインド・タイム——脳と意識の時間』岩波
　書店，2005 年

# 偏見・差別はなぜ起こる？

他者や社会を見るバイアス

第 2 章 Chapter

## Quiz クイズ

ジェンダーギャップ指数とは，世界各国の男女平等の度合いを数値化したものです。2024年に発表されたジェンダーギャップ指数（内閣府，2024）において，全146カ国中，日本は第何位だったでしょうか。

**a.** 36位　**b.** 76位　**c.** 118位

## Chapter structure 本章の構成

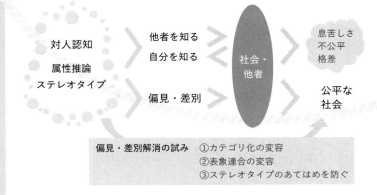

## Answer  クイズの答え

**c.**
日本は，男女平等な社会づくりという点で，世界の国々に後れをとっている状況であるといわざるをえません。ジェンダーに関わることのみならず，さまざまな差別や偏見はわたしたちにとって身近な問題です。

## Introduction  導入

　本章のテーマは，対人認知と偏見・差別です。**1**節で取り上げる**対人認知**は，他者について「知る」という心のはたらきを指しています。このうち，他者の内的な特徴について推測すること，すなわち属性推論については，**2**節で説明します。

　ただし，他者を「知る」というプロセスには多かれ少なかれ推測や解釈が含まれるため，誤解や歪みが入ってくる可能性を否めません。先入観などが影響することによって，実際の相手とは異なった人物像を頭の中でつくりあげてしまうかもしれません。集団に対する先入観にあたるものはステレオタイプと呼ばれており，**3**節で取り上げます。これに関連して**4**節では，他者に対する歪んだ認識のしかたにより，偏見や差別といった問題が発生しうることを論じます。

　相手のことを知りたい，そして自分のこともわかってほしい，そうした願いをもっていたとしても，「認知の歪み」が入ってきて，相互理解を妨げてしまう。あるいは，先入観に影響されて，偏見や差別が生まれてしまう。これもまた，わたしたち人間が抱える「必ずしも思ったとおりにならない」問題であり，社会のなかに息苦しさを生み出している原因の**1**つといえるでしょう。こうした問題を解消するために何ができるのかについて，本章の最後**5**節において考察します。

# 1 他者を知るということ
対人認知

　新しい人々と出会う場面のことを考えてみましょう。例えば，大学に入学したばかりのときを思い出してください。周囲にはたくさんの「知らない人」がいます。あなたは周りをぐるっと見回してみて，どんな人たちがいるのかと興味をもったことでしょう。このなかに，友だちになれそうな人はいるかな。逆に，ちょっと苦手なタイプの人はいるだろうか。あの人は大きな声でしゃべっていて，ずいぶん陽気そうな感じ。向こうには，うつむいて緊張した表情の人もいるけれど，もしかすると人見知りなのかも。こんなふうに，周囲の「知らない人」について観察し，その外見や言動から相手の性格や心の状態についてさまざまな憶測をしたことでしょう。そして，その人たちと今後どのような関係を築いていくかについて，思いをめぐらせたのではないかと思います。

　上記の例のように，わたしたちは社会生活において「他者を知る」ということ，すなわち対人認知を頻繁に行っています。なぜなら，自分に協力してくれる人を見つけて近づいたり，一方で害悪をもたらしうる人から離れるようにしたりといったこと，すなわち社会的関係性の適切な調整が，社会生活を営む上でとても重要であるからです。また，他者とのやりとりのなかで，互いの意図や感情状態について正しく理解することができれば，スムーズに相互作用し，よい関係を築くことができるでしょう。

　当然のことですが，他者をよく知るためには，時間をかけて相手のことを十分に観察することが必要です。しかし，なるべく早い段階で相手について何らかの情報を得ることができたほうが有利です

から，わずかな手がかりをもとにした素早い推測を行うことがよく
あります。例えば，他者の外見の特徴や，行動1つを目にしただ
けでも，その人がどのような性格であるのかをあっという間に推測
し，人物と結びつけて記憶してしまいます。こうして限られた手が
かりから推測する場合，ある程度は正確に相手のことを把握できる
かもしれませんが，誤りや歪みがそこに含まれていることもよくあ
るでしょう。先ほどの大学入学直後の例でいうならば，同級生のな
かに外見の派手な人がいて「きっと性格も強烈なのだろう」と思っ
て敬遠していたところ，何カ月も経ってから会話をしてみると非常
に穏やかで親しみやすい人だったということがあるかもしれません。
あるいは，あなたの容姿や行動に基づいてだれかが誤ったイメージ
をもったために，結果としてあなた自身が不当な扱いを受けると
いったことも生じかねません。

　このような「他者を知る」という心のはたらきについて，次の節
以降では，関連する心理プロセスを解説するとともに，その過程で
発生しうる認知の歪み（**バイアス**）についても考えていきたいと思
います。

## 2 あの人ってどんな性格?
属 性 推 論

　性格・態度・能力など，その人が内なるものとしてもっている特
徴のことを，**内的属性**といいます。内的属性は外から直接観察する
ことができないため，その人のふるまい（行動）や言葉（発言）を
手がかりとして，「きっとこんな性格なのだろう」というように推
測することになります。これは**属性推論**と呼ばれます。

　ただし，あらゆる行動や発言が，その人の内的属性を読み取るた

**44**　第2章　偏見・差別はなぜ起こる?

めの手がかりになるとは限りません。では，内的属性を推測するための手がかりとして有効な情報とは，どのようなものなのでしょうか。

### ▷ 対応推論理論

ジョーンズとデイヴィス（Jones & Davis, 1965）は，他者の内的属性を推論するときの手がかりとしてどのような行動情報が用いられるのかについて整理し，**対応推論理論**（correspondent inference theory）にまとめました。この理論では，なぜ人がそのような行動をとったのかという原因を理解するために，観察された行動に基づいてその人の意図を読み取り，対応する内的属性を推測すると考えられています。

その推測をもたらす有効な手がかりの1つが「非共通性」です。つまり，「実際に選択された行動 A」と「選択されなかった行動 B」の間で非共通の要素に着目して，選択した人の性格が推測されます（非共通効果）。また，その他に社会的望ましさなども考慮されます。例えば，ある女性の結婚相手の候補として「背が高くて裕福で遊び人の A さん」と「背が高くて貧乏で誠実な B さん」がいたときに，彼女が B さんを選んだとします。この女性はどんな考え方をする人なのでしょうか。2人の候補者に共通する要素（背が高い）は，この女性の考え方の特徴を知るための手がかりにはならないでしょう。非共通の要素である「誠実」が，おそらく B さんを選ぶ決め手となったのだろうと推測されます。さらに，社会的望ましさの低い「貧乏」という要素がありながら，あえて B さんを選んでいることから，「誠実」という要素がこの女性にとってかなり重要な決定因であることがわかり，「お金よりも人柄を大切にする人」という属性推論をするでしょう。

## 対応バイアス

　ここまで説明してきた対応推論は，ある人が意図的にそう行動しているという前提に基づいて行われます。しかし，わたしたちの日常的な行動のなかには，自分の意思や意図に基づくわけではなく，外的な圧力などの状況要因によってやむなく生じているものもあります。例えば，ある店に来たお客が商品の在庫について尋ねたときに，店員が「そこになければないですね」と答えたとしましょう。その返答を聞いて，お客は店員のことをずいぶん不親切な人だと思うかもしれません。ただし，じつはお店の方針として，店員は必ずそう返答するように店長から命じられているのだとしたら，そのふるまいは不親切な性格のせいではないと考えるほうが妥当でしょう。ところが，わたしたちはそうした状況要因（例えば「店長の命令」）の影響を十分に考慮せず，その人の行動に対応した内的属性（例えば「不親切」）を推測しやすい傾向があります。こうした推論の歪みは，**対応バイアス**（corresponding bias）もしくは**基本的帰属の誤り**（ultimate attribution error）と呼ばれています。

## 自発的特性推論

　**自発的特性推論**（spontaneous trait inference）とは，印象を形成しようという意図がなかったとしても，ある人物の行動を見るだけでそれに関連する特性を自発的に推測し，人物に結びつけて記憶するという現象です。例えば「ジョンは犬を蹴飛ばした」という文を読むと，自発的に（意図していなくても）「乱暴」という性格が推測され，ジョンと結びつけて記憶されます。そのため，後になって「乱暴」という手がかりを与えると，ジョンに関する描写文を記憶再生しやすくなります（Winter & Uleman, 1984）。

ここまでは，行動を手がかりとして他者の内的属性を推論するはたらきについて述べました。次の3節では，相手がどんな集団に所属しているかに応じて，その集団に結びつけられている先入観をあてはめた解釈や推論が生じることを説明します。

## 3　人を見る目に影響するもの
### ステレオタイプ

　**ステレオタイプ**（stereotype）とは，ある社会的集団に属する人々についての画一化されたイメージのことです。特定の社会的集団のイメージは，その集団に関する知識・信念・期待などの知識表象が結びついた**連合ネットワーク**として，記憶システム内に保存されています（連合ネットワークについては➡第1章）。例えば，多様な人種の人々が暮らすアメリカでは，「黒人」という人種集団メンバーと「攻撃的」「知的能力が低い」「運動が得意」「リズム感がよい」といったイメージを結びつけた知識構造，すなわち黒人ステレオタイプをもつ人が多いといいます。ある集団とそれに関連する知識・信念・期待などの表象間の結びつきの強さを測定する方法の1つに，**潜在連合テスト**（implicit association test：IAT）があります（➡**コラム3**）。

▷　**自動的なステレオタイプ化**

　第1章で説明したように，知識表象は関連するものごとについて知覚したり思考したりすることによって活性化し，情報として使われやすくなります。ステレオタイプの場合，特定の集団に所属する人を知覚すると，その集団に結びつけられた知識表象が活性化することによって，他者の性格や能力などの内的属性についての推測や，

3　人を見る目に影響するもの　　47

**コラム3　潜在連合テスト**　　潜在連合テスト（IAT；Greenwald et al., 1998）では，2組のカテゴリ対を組み合わせてカテゴリ分けの課題を行い，組み合わせ方に応じて判断の速さ（反応時間）が異なることをもって，特定の組み合わせの概念間の連合が相対的に強いことが示されます。

例えば，性役割に関するステレオタイプを測定するIATでは，「男性―女性」と「仕事―家庭」という2組のカテゴリ対をそれぞれ画面の左右に配置し，画面中央に呈示された刺激（男性名や女性名，あるいは仕事や家庭に関連する単語）がどのカテゴリにあてはまるかを判断します（**図2-1**）。このとき，男性と仕事・女性と家庭を組み合わせた場合と，男性と家庭・女性と仕事を組み合わせた場合の反応時間を比較します。そうすると，より素早く反応できたほうのカテゴリの組み合わせについて，その概念間の連合が強いことがわかります。伝統的な性役割観に基づくステレオタイプをもっていると，男性と仕事・女性と家庭を結びつけやすく，IATにおいてもこれらの概念間に強い連合が示されます。

皆さん自身はどうでしょう。関心のある人は，本章末の *Report assignment* で紹介する，性役割に関するステレオタイプを測るIATを体験してみてください。最後にあなた自身の測定結果が表示されます。おそらく，多くの人が「男性と仕事・女性と家庭を結びつけやすい」という結

**図 2-1**　性別ステレオタイプを測定する潜在連合テスト（IAT）

果になることでしょう。

　男性と仕事・女性と家庭の概念間に強い連合が示されやすいということは，男女平等主義が広まりつつある現代社会であっても，人々の知識構造においては，伝統的な価値観に影響された概念間の連合がいまだに根強く残っている可能性を示唆しています。さらに，こうした知識構造が，わたしたちの思考・判断・行動に気づかぬうちに影響するかもしれないという危険性も指摘しておく必要があります。

言動の解釈に影響を与えます。ただし，この情報処理プロセスは自動的かつ効率的に進むため，たいていの場合，その過程で生じるステレオタイプの影響について知覚者自身が意識することはほとんどありません。

　ディヴァイン（Devine, 1989）の研究では，黒人に関連する単語を**閾下呈示**した直後に，別の課題としてターゲット人物のふるまいを記した文章を読んでもらい，その人の印象について尋ねるという実験が行われました。閾下呈示とは，ほとんど見えないくらいきわめて短時間のみ単語や画像を呈示することによって，呈示された情報が知覚システムに入力されて知識表象を活性化するものの，知覚者本人はどのような内容が呈示されていたのか自覚できないという実験手法のことを指します。その結果，ターゲット人物について「攻撃的」という判断が下されやすくなりました。黒人に関連する単語の呈示によって活性化されたステレオタイプが，その後に呈示された人物のふるまいの解釈に影響を与えたことによって，ステレオタイプに一貫するような印象が形成されたのだろうと考えられます。

3　人を見る目に影響するもの　**49**

### 両面価値的ステレオタイプ

ステレオタイプとして特定の集団に関連づけられた知識・信念・期待は、単一的なものではなく、たいていの場合、複数のイメージから構成されています。こうした多面的なイメージの構造を整理した**ステレオタイプ内容モデル**では、**能力**（competence）と**温かさ**（warmth）という2次元の構造に集約できることが指摘されています（Fiske et al., 2007）。例えば、社会的に成功したエリート層の人々については「能力は高いが、性格は冷たい」といった、また、女性や老人といった集団には「能力は低いけれども、性格は温かい」といった、両面価値的ステレオタイプがあります。一方的にネガティブな面だけが強調されるよりも、こうした両面的なイメージが含まれているほうが人々にとって受け入れやすく感じられるため、結果としてステレオタイプが維持されやすいといわれています。

## 4 不公平や対立の生まれるところ
偏見・差別

集団メンバーに対する画一化されたイメージとしてのステレオタイプに、感情的な要素が加わると、**偏見**（prejudice）となります。この感情的要素は「好き」「憧れる」といったポジティブな気持ちであることもありますが、「嫌い」「怖い」といったネガティブな感情が含まれる場合も多くあります。さらに、ステレオタイプや偏見に基づいた行動は**差別**（discrimination）となります。例えば、女性に対して「仕事上の能力は低いが、家庭的で温かい」というステレオタイプをもっていることによって、「女性にはそとで働いてもらうより、うちで家事を任せたほうが安心だ」と感じるならば、それは偏見ということになります。さらに、そうしたステレオタイプや

偏見に基づいて，社会的に高い地位に就こうと努力している女性に対して「どうせ子どもが生まれたら仕事を辞めるんだろう」といった発言をしたり，昇進の機会を与えなかったりすると，それは差別です。このように，ある人の集団所属に応じて偏見をもったり，差別的な待遇をしたりすることは，社会のなかに不公平をもたらす上に，集団間の対立を生むこともあります。

▷ **偏見や差別はなぜ消えないのか**

「偏見や差別はよくない」という認識は，多くの人が当然のこととして理解し，共有しているものと思われます。それなのに，偏見・差別が世の中からなかなか消えないのは，なぜでしょうか。社会のありかたや教育制度など，さまざまな原因があるでしょうが，ここでは心理学的観点から，とくに認知過程に注目して考えてみましょう。

認知過程に関わるものとしてまず挙げられるのは，自動的なステレオタイプ化です。すなわち，これまでにも繰り返し述べてきたように，情報処理過程におけるステレオタイプの活性化やその利用は自動的に行われるため，知覚者自身がほとんど意識していないということです。それが偏った認識であること自体に気づかなければ，それを修正しようとする意図も生じにくくなります。

さらに，マイノリティ（少数派）の人々に対する差別や偏見は，根強く残る傾向があります。これには**錯誤相関**（illusory correlation）という現象が少なからず関与していると考えられます。錯誤相関とは，目立つ行動や記憶に残りやすい出来事について，少数派の人たちに（実際以上に）強く結びつけて認識しやすいことを指します。例えば，日本国内で外国人が犯罪をおかしたというニュース報道があると，その事例が目立ちやすいゆえに，「外国人には（日本人より

4　不公平や対立の生まれるところ　**51**

**図 2-2** BIAS マップ

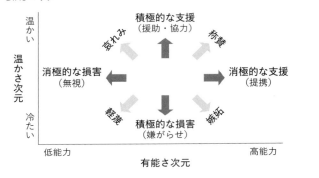

(出所) Cuddy et al., 2007 をもとに作成。

も）犯罪者が多い」といった，事実とは異なる歪んだ認識が生じやすくなってしまいます。

### BIAS マップ

また，感情的要素が関わっていることも，偏見や差別を減らすことが難しい原因の1つです。先の3節で紹介したステレオタイプ内容モデルにおける両面価値的ステレオタイプの概念を発展させて，感情・行動レベルに拡張したのが，BIAS マップ（behavior from intergroup affect and stereotypes map；Cuddy et al., 2007）です。**図 2-2**を見てください。この図は，集団に対するステレオタイプが感情を介して行動に影響を及ぼす様子を表しています。温かく能力が高いとみなされる集団には「称賛」の感情が抱かれ，その感情は積極的な支援（援助・協力）や消極的な支援（提携）の行動をもたらします。温かいが能力は低いとみなされる集団には「哀れみ」を感じ，積極的な支援とともに消極的な損害（無視）につながる行動が生じやすくなります。冷たいが能力は高い集団には，「嫉妬」の感情を介し

て消極的な支援と積極的な損害（嫌がらせ）を与える行動が促されます。冷たくて能力も低い集団には，「軽蔑」の感情から積極的な損害・消極的な損害につながる行動が見られやすくなるでしょう。このように，各種のステレオタイプについて感情が結びついているために偏見が起きやすく，またその感情に対応した行動が促されることによって差別が生まれやすいという関係性があるのです。

## 5　公平な社会へ向けて
偏見・差別の解消

　では，どうすれば偏見や差別を減らし，公平な社会に近づくことができるでしょうか。この深淵な問題に対してシンプルな回答をすることは困難ですが，心理学ではいくつかの方法が提案・検証されてきました（→第4章）。ここでは認知過程に関する観点から行われた3つの試みを紹介します。

### ①カテゴリ化のしかたを変容させる試み

　ある人を見たときに，その目立ちやすい特徴から「外国人だな」といったように，単一のカテゴリをあてはめて認識すると，それに対応するステレオタイプのあてはめや偏見が生じやすくなってしまいます。ただし，1人の人について複数のカテゴリ情報から捉えることも可能なはずです。例えば，「カナダ出身の英語教員で，アニメが好き，料理が得意」といった複数のカテゴリが交差するような豊かな人物情報があれば，1つひとつのカテゴリに付随する情報価が希薄化されるので，ステレオタイプや偏見の影響は軽減されるかもしれません。つまり，人物の捉え方として，カテゴリに基づく（カテゴリ化した）見方をするのではなく，1人の人間として認識す

ることによって，偏見を減らせる可能性があります。これを**脱カテ
ゴリ化**（decategorization）といいます。

　一方，カテゴリ間の違いが目立ちやすい状況では，もし脱カテゴ
リ化を試みたとしても，ステレオタイプの影響を完全に払拭するの
は難しいでしょう。そのような場合は，相手のことを内集団（自分
が所属する集団）の成員と認識できるような上位のカテゴリをあて
はめること，すなわち**再カテゴリ化**（recategorization）が有効かもし
れません。つまり，互いに差異があることを認めた上で，より大き
な共通する集団に所属する仲間として認識するということです。例
えば，ある地域において若者と高齢者が互いに「マナーが悪い」
「自己中心的だ」などと非難しあっている状況があるとしましょう。
彼らに「同じ地域コミュニティーの住民」というように共通する集
団所属を認識してもらうことで，互いへの反発が薄れ，一体感と協
力的関係が育ちやすくなると考えられます。

## ②表象間の連合を変容させる試み

　本章の前半において自動的なステレオタイプ化について紹介した
ときに，特定の集団に所属する人を知覚すると集団に結びつけられ
た知識表象が活性化し，ステレオタイプのあてはめが促進されると
説明しました。この集団の概念と，それに対応する知識表象の間の
結びつき，すなわち連合の強さを変化させることが（少なくとも一
時的には）可能であることがわかっています。例えばカワカミらが
行った実験（Kawakami et al., 2000）では，偏見をもたれやすい集団
（例えば「黒人」）と，それに付随するステレオタイプ（例えば「乱
暴」）を表す単語が一緒に呈示されるたびに否定的に反応する
（「NO」のキーを押す）という反復トレーニングを行いました。この
トレーニングを受けた後は，受けなかった場合と比べると，ステレ

オタイプ的な表象の活性化が弱いという結果が得られました。この結果は，ステレオタイプを否定するトレーニングによって，表象間の連合が弱められたためと解釈されています。

### ▷ ③ステレオタイプのあてはめを防ぐ試み

　対象者がどのような集団に所属するかという情報をできる限り除外することによって，対象者に関してステレオタイプをあてはめた判断を下すことを防ごうとする試みもあります。例えば，採用試験において，応募者の名前や写真など性別がわかる情報を非表示にした状態で書類審査を行えば，性別ステレオタイプが採否に影響するのを防ぐことができます。こうした対策は，公平な評価をするために有効な方法ですが，適用可能な場面はかなり限定されます。例えば応募者の面接を行う場合など，直接的な相互作用のある場面では，相手の所属集団を推測できる情報を完全に取り除くことはほぼ不可能といえるからです。

### ▷ 身近な問題としての偏見・差別

　偏見や差別は，わたしたちの身近なところにも存在しています。時には偏見に基づく差別的対応が組織的に行われていた事実が明るみに出ることすらあります。近年の事例として記憶に新しいのは，医学部入試における女性差別問題です。日本国内の複数の大学において，医学部の受験者の性別によって合格基準を変えるなどして，男性のほうが女性よりも優遇されるしくみになっていたのです。医学部入試においてこのような差別が行われていた根底には，この入試を運営する側の人々のなかに「女性は医師の適性が低い」というステレオタイプや関連する偏見があったのだろうと推測されます。
　ただし，こうした偏見が生じた理由の1つとして，現在の医療

5　公平な社会へ向けて　　**55**

従事者の厳しい労働環境にも目を向ける必要があるでしょう。長時間かつ体力を消耗する労働であるため、結婚や出産をきっかけとして離職せざるをえない女性医師も多いという現実があります。こうした現状を改善し、性別に関係なく活躍できる労働環境を整えなければ、女性の医師（そして医師志望者）に対する偏った見解を払拭し、差別的対応をなくすことはできないでしょう。そして当然ながら、過酷な労働環境は男女関係なく悪影響を与えていますから、男性の就労者にとっても他人事ではありません。関係する人々のすべてが当事者意識をもって協力し、改善に取り組んでいく必要があるでしょう。

　医療の分野だけではありません。本章の冒頭の **Quiz** においては、ジェンダーギャップ指数について取り上げました。このジェンダーギャップ指数は、世界経済フォーラムが発表しているもので、経済・教育・保健・政治参加などの分野における男女間の不均衡の度合いを総合的に表す指標です。完全に不平等なら 0、完全に平等なら 1 になります。日本は、2024 年に発表されたジェンダーギャップ指数が 0.663 で、146 カ国中 118 位でした。世界の他の国々と比べると、日本の男女格差は大きいといわざるをえません。こうした格差が生じている原因の 1 つは、先に述べたような伝統的な性役割観に基づくステレオタイプの存在と、それに影響された偏見・差別であると考えられます。そして同時に、こうした男女格差が社会に存在していることが、性別ステレオタイプを存続させ、偏見・差別を生み出させているともいえます。こうした負のループを断ち切ることを目指して、社会のありかたを見直していくことが、偏見や差別をなくしていくための第一歩であるといえるでしょう。

　ジェンダーに関すること以外にも、皆さんの身近なところや日常生活のなかに、特定の集団に関するステレオタイプや偏見が影響し、

差別や格差が生まれていることがあると思います。なかなか気づきにくく，見落としがちな偏見や差別が存在していないか，もう一度よく見直してみましょう。そして，それらを解消するために何ができるかを考えましょう。

## Summary　まとめ

　本章では，対人認知と偏見・差別について取り上げました。わたしたちの社会生活において，他者を知るということはとても重要です。人間はさまざまな手がかり情報を使って相手のことを知ろうとします。しかし，その心理過程には推測や解釈が関与するため，そこにバイアスが含まれてしまう可能性があります。ステレオタイプが影響し，相手の本当の姿とは異なった人物イメージを勝手につくりあげてしまうかもしれません。他者に対する歪んだ認識のしかたにより，偏見や差別といった問題が発生することもあります。さらに，ステレオタイプや偏見の影響について知覚者本人が気づかないことが多く，結果として，バイアスのかかったものの見方や差別的対応を修正するきっかけを逸してしまいがちになります。こうした偏見や差別もまた，社会のなかに息苦しさを生み出している原因の1つだといえるでしょう。

　ただし，ステレオタイプに基づく偏見・差別について研究が進んだことにより，それらを低減するための方法がいくつか考案され，実際にそうした方法が実践されている場面もあります。まだまだ現代社会には差別も格差もたくさん残っていますが，このような実践を地道に続けていくことによって，より公平で，皆がのびのびと活躍できるような社会のありかたに近づけていくようにしたいものです。

### *Report assignment*　レポート課題

　まず，「性別ステレオタイプ IAT」を体験してみましょう。スマートフォン／タブレットで以下のウェブサポートの2次元コードを読み込む，もし

5　公平な社会へ向けて　　**57**

くはパソコンで URL を入力すると，実験課題が始まります。画面上の指示に従って，取り組みを進めてください。最後に，あなたの実験結果が表示されます。

★ウェブサポート
性別ステレオタイプ IAT
https://psychexp.com/register/NjExLTg0MjYxMw/

　あなたの男性と仕事／女性と家庭を結びつける連合の強さは，どの程度だったでしょうか。日本の大学生の大半が，この潜在連合テストで，男性と仕事／女性と家庭を結びつける中程度から強い連合を示します。こうした傾向は，個人の思考・判断・行動や，社会のありかたにどのような影響を与えているでしょうか。そして，どうすればよりよい社会のありかたに向けて改善することができるでしょうか。あなたの考えを述べましょう。

### *Book guide*　読書案内

北村英哉・唐沢穰編『偏見や差別はなぜ起こる？──心理メカニズムの解明と現象の分析』ちとせプレス，2018 年

バナージ，M. R.・グリーンワルド，A. G.／北村英哉・小林知博訳『心の中のブラインド・スポット──善良な人々に潜む非意識のバイアス』北大路書房，2015 年

# 不寛容は
# なぜ起こる?

状況の力が生み出す不安

第 **3** 章
Chapter

## Quiz クイズ

2020 年 7〜8 月, 日本・アメリカ・中国の 3 カ国それぞれ 1000〜1 万 2000 人を対象にした意識調査 (三浦ほか, 2020) で, 「新型コロナウイルスへの感染は自業自得だと思う」という項目に「そう思う」と答えた人の各国の割合は以下のとおりです。このうち日本の結果はどれでしょうか。

**a.** 1.0%　　**b.** 4.8%　　**c.** 11.5%

## Chapter structure 本章の構成

状況の力 〉 集団の
判断・行動へ影響 〉 同調
服従
非難
不寛容

・規範
・不安
・公正世界信念

## Answer  クイズの答え

**c.**

日本 11.5%，中国 4.8%，アメリカ 1.0% でした。全体的に見ると「自業自得」と思っている人は少数派ではありますが，日本は他国と比べてその割合が大きいことがわかります。

## Introduction  導入

　わたしたちの判断や行動は，周囲の人々や環境から影響を受けます。また，新聞，テレビ，インターネットなどを通して目にする情報も，わたしたちの感情や態度，行動に影響を及ぼします。例えば，人が傷つけられた事件のニュースを聞けば，自分とは直接関係がなくとも不安になり，同時にその事件の加害者に対しては憤りを覚えるでしょう。また，「なぜこんなことが起こってしまったのか」と，事件の原因について考えることもあります。不安や憤りの感情，そして，事件や事故の原因がはっきりとしない不確実な状態は，わたしたちの心を不安定にします。そのような不安定な心に安寧を取り戻す過程で，自分勝手なものごとの解釈をしてしまったり，周囲の人々に不寛容な態度を示したりすることがあります。

　本章では，わたしたちの行動が，周囲の環境から容易に影響を受けることについて，1，2 節で古典的な社会心理学の研究を紹介しながら説明します。その後，自分でコントロールできない「状況の力」に直面したときの反応を 3 節で説明します。他者への不寛容なふるまいやその背景要因についても，4 節で考えます。

60　第 3 章　不寛容はなぜ起こる？

# 1　他者の意見に合わせる

　友人たちと一緒にご飯を食べに行くことになり，何を食べようかと話している場面を想像してください。あなたはハンバーガーを食べたい気分でしたが，他の友人が先に「ラーメンを食べたい」と発言しました。他の友人たちもラーメンを食べに行くことに賛成しました。あなたはこの状況で，どう反応するでしょうか。おそらく，よほどラーメンが苦手ではない限り，「（皆ラーメンがいいみたいだから）私もラーメンに賛成」と言うでしょう。このように，集団内の多数派に自分の意見を合わせるということはよく見られますが，社会心理学では**同調**（conformity）と呼んでいます。

　なぜ私たちは多数派の意見に同調するのでしょうか。皆で何を食べに行くか決めるとき，そこに「正しい回答」はありません。ゆえに同調する理由としては，仲間はずれにされたくないからとか，集団の和を乱したくないからなどが考えられます。また，たとえ「正しい回答」が存在したとしても，自分の判断に自信がない場合には，集団の多数派の意見を参照して自分の判断を決めることがあります。多数派の意見に従っておけば，万が一間違えたときにも恥をかくことはないでしょう。ラーメンの例のように，集団内の人間関係を重視するために他者の意見を参照する場合は**規範的影響**，難しい課題の例のように，正しさを重視するために他者の意見を参照する場合は**情報的影響**を受けているといわれます（Deutsch & Gerard, 1955）。

▷　**一時的な集団でも起こる同調**

　では，一時的に集められた集団で，正解のある簡単な問題につい

て判断するときには同調は起こらないのでしょうか。ほんの少しの時間，集団として活動するだけなので，その先の関係性のことなどは気にする必要はありません。また，簡単な問題であればわざわざだれかの答えを参照せずとも正答できます。アッシュは，個人で行えばほとんど間違えることのない課題を用いて，このことについて実験的に検証しました（Asch, 1955）。

実験は7〜9名の集団で実施されました。そのうち真の参加者は1名だけで，それ以外は実験者の指示どおりの行動をとる協力者でした。真の参加者はもちろんそのことは知りません。実験では，**図3-1**のような複数の線分を見せられた後，①の線分と同じ長さの線分を②の1〜3から選んでくださいと言われます。参加者が1人で回答した場合は，想定どおり正答率は99%以上でした。しかし，真の参加者以外の実験協力者が一致して間違った回答をすると，正答率が63.2%まで減り，他の人たちの意見に同調して真の参加者も誤答する傾向が確認されました（**図3-2**）。わたしたちはたとえ初対面の，一時的に活動をともにするだけの人たちで形成された集団であっても，規範的影響を受けて多数派と一致した回答をしがちなのです。

### オンライン状況での同調

ペルフーミら（Perfumi et al., 2019）は，オンライン状況でも対面状況と同じように同調が見られるかどうかを検証するために，アッシュの線分判断課題の状況をオンライン上で再現しました。具体的には，真の実験参加者1名と，オンライン上の架空の参加者6名の合計7名を1グループとした実験状況を設定しました。架空の参加者6名は，事前のプログラムに沿って回答をするボットで，アッシュによる対面実験における実験協力者の役割を担っています。

**図 3-1** アッシュが用いた線分判断課題の例

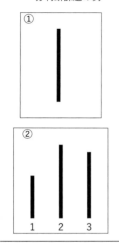

**図 3-2** 1人と集団の場合での正答率

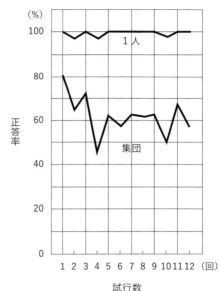

(出所) Asch, 1955 をもとに作成。

アッシュが用いた簡単な問題を対象とする条件に加えて，他者の意見を参照したくなるような難しい課題も複数用意し，規範的影響と情報的影響の両方の効果を調べました。

　この研究では，オンライン実験の特徴を活かして，匿名性と実験環境に関する独自の条件も設定しました。匿名条件では，参加者はパソコンの画面上では番号で識別されますが，非匿名条件では参加者の氏名が表示されるようにしました。実験環境について，物理的隔離条件では1セッションに1名だけ，参加者が実験室に呼ばれました。一方，集団条件では1セッションに6〜8名の参加者が実験室に呼ばれ，参加者はそれぞれ別のパソコンに向かって，独立にオンライン実験に参加しました。2つの条件の違いは，実験室に自

分しかいない状況でオンライン上の線分判断課題を行うのか，それとも他者が複数存在している状況で課題を行うのかということのみです。

　実験では，パソコン画面に表示される課題を7名集団で行うと説明を受けます。実験参加者以外の6名は実際には存在せず，画面に表示される回答はコンピュータによって制御されている架空の参加者のものです。実験参加者は常に全体のうちの6番目に回答を行うようになっていました。

　得られたデータを分析した結果，アッシュの実験と同じ簡単な問題を用いた条件の同調率は1.4%で，対面状況で見られたような同調はほとんど発生しませんでした。対面で相互作用を行うという状況は，オンライン状況と比べて心理的な圧力を生み出し，規範的影響を強めると考えられます。一方で，難しい課題の場合は15.2〜29.8%の同調率でした。オンライン上では規範的影響の効果が抑制される反面，難しい課題の判断を行う際には他者の判断を参照したいという情報的影響の効果が見られることがわかります。

　参加者を番号で識別する匿名性の高さや，実験室に1人だけ呼ばれて参加する物理的な隔離状況は，それぞれ単独では同調率を高める効果を示しました。ただしこれらが組み合わさると（番号で識別かつ実験室にて1人で参加という状況では），同調率が低下する傾向にありました。ペルフーミらは，この組み合わせが**没個性化**（deindividuation）を顕著にさせるのではないかと考察しています。具体的には，他者からの評価を気にすることで生じる規範的影響や，難しい課題において正しい判断を行いたいと考えることから生じる情報的影響の効果が，匿名性の高さと物理的な隔離の両方が存在することによって弱まり，同調率の低下につながる可能性を指摘しています。

**64**　第3章　不寛容はなぜ起こる？

## 同調の段階説

　このように，わたしたちはとくに対面状況において，集団規範や課題の難易度に応じて自分の意見を他者に合わせ，同調します。ただし，例えばアッシュの実験では，心の底から自分の回答が間違っていると考えて他の集団メンバーに同調した人は少ないでしょう。どちらかというと，「何が起こっているのかよくわからないけれど，皆が一致して同じ回答をしているから合わせておこう」と考えて同調していると思われます。

　ケルマンは，同調に3段階を仮定して，これを説明しています（Kelman, 1961）。第1段階は「追従」（compliance）と呼ばれる同調で，周囲から逸脱することで自分が排斥されるような事態を避けるために行われる表面的な意見の変更です。アッシュの実験の参加者はこの段階の同調をしていたと考えられます。第2段階は「同一化」（identification）で，集団のメンバーに魅力を感じており，自分も仲間として認められたいという思いから意見を変更するような場合がこれにあたります。そして第3段階は「内面化」（internalization）とされており，いわゆる心の底から納得して，自分の意見を変える場合の同調を指します。観察される行動は同じでも，集団メンバーとの関係や自分がその集団でどのような存在でありたいかなどによって同調の段階が異なるのです。

　ここまでで紹介した研究で扱われた集団には，とくに役割分担や地位の違いなどはありませんでした。全員がフラットな関係性です。では，明確な役割や地位関係が存在するような集団において，立場が上の人から何か命令された場合，立場が下の人はその命令の内容に納得できずとも言われたとおりに従うのでしょうか。次節では，人は時に，他者の命令に従って無関係の他者に身体的，精神的な痛みをもたらす行為を実行してしまうことを明らかにした研究を紹介

1　他者の意見に合わせる　**65**

します。

## 2 命令システムのなかの個人
### 権威への服従実験

### ▷ 状況の力

　第二次世界大戦では，ナチス・ドイツがユダヤ人を迫害し，大きな犠牲が出ました。当時の政府高官であったアイヒマンは，ユダヤ人の迫害，および大量虐殺に関わった罪で，逃亡先のアルゼンチンからイスラエルに移送され，裁判を受けました。その際にアイヒマンから出た言葉は「私はただ，上官の命令に従っただけだ」というものでした。2022年のはじめには，ロシアがウクライナに侵攻しました。ウクライナ側の捕虜となったロシア兵士たちも，上官の命令に従っただけだった，と同じような発言をしています。

　多くの人は，「自らの罪を軽くするための単なる言い訳にすぎない」と思うでしょう。しかしミルグラムは，そこに「状況の力」が働いていたのではないかと考えました。そして，人が命令システムに組み込まれることで，通常では考えられないような非道徳的な行為に加担する可能性について実験的に検討しました。

### ▷ ミルグラムの服従実験

　ミルグラム（Milgram, 1963）は「記憶と学習に関する科学研究」と題して，実験参加者を一般市民から募集しました。20〜50歳の，さまざまな職業の男性が実験参加者になりました。実験室に来た参加者は，教師役か生徒役として，2人1組で実験に参加することを伝えられました。この役割は，ランダムに割り当てられるとされましたが，実際のところ，生徒役には実験協力者（実験者の事前の指示

**図 3-3** ミルグラムの服従実験における実験室の様子

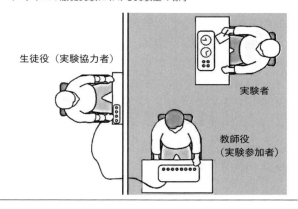

どおりに動く役割を担う,いわゆるサクラ)が割り当てられることになっており,真の実験参加者は必ず教師役として参加しました(真の実験参加者は,もちろんこのような裏があるとは知りません)。実験は,生徒役が記憶課題を遂行し,誤答した際に教師役が電気ショック(罰)を与えるためのボタンを押すという内容です。ただし,電流は実際には流れず,実験協力者の生徒役は電気ショックを受けている演技をするというものでした。もちろんこのことについて真の実験参加者は知りません。自分が押したスイッチにより電流が流れ,生徒役をしている人に電気ショックが与えられる,と思い込まされます。電気ショックを与えるためのスイッチは 30 段階用意されており,15V からはじまり,最大で 450V の範囲でした。375V の部分には「Danger: Severe Shock(危険:痛烈なショック)」,435V の部分には「XXX」と記されていました。

　生徒役の実験協力者は事前に指示されたとおり誤答を繰り返します。そして誤答のたびに罰として与えられる電気ショックが強まるにつれて,痛みを訴える演技をします。生徒役がいる部屋と,教師

役ならびに実験者がいる部屋は別になっていましたが，ある段階で生徒役が壁をどんどんと叩く音が聞こえてきます。さらに強い電気ショックが与えられる段階になると，問題への回答が途絶え，壁を叩く音も聞こえなくなります。教師役として電気ショックのスイッチを押すよう指示されている実験参加者のなかには，このような状況におかれると，「もうやめたい」と実験者に訴える人も出てくるでしょう。しかし，実験者は「続けてください」「続けてもらわないと困る」「スイッチを押す以外にあなたに選択肢はない」などと，抵抗する実験参加者に継続を要請することになっていました。このような要請を4回行っても，なおスイッチを押すことを拒否した場合に，実験は終了となります。

## ▷ 代理状態としての服従

ミルグラムは，所属先のイェール大学の学生14名を対象に，「この実験の参加者が100名いるとしたら，そのうちの何名（%）が最大の450Vまでスイッチを押し続けるか」を予想させました。回答結果の平均は1.2%で，ほとんどの人は200V程度までしかスイッチを押さないと考えていました。しかしながら実際は，40名の参加者中26名が最大の450Vのスイッチを押すという結果でした（服従率65%）。また，40名の参加者全員が300Vまでスイッチを押し続けました。実験参加者は，郵便局員や教師など，一般的な職業に就く，ごく普通の，善良な市民でした。そのような人たちが，実験室で実験者からの命令を受け，おそらく普段は決してしないであろう，人に危害を加える行為を実行したのです。

一連の結果について，ミルグラム（Milgram, 1974）は**代理状態**（agentic state）という言葉を用いて説明しています。自分の意思で行動したのではなく，立場が上の人の代わりとして，指示されたこ

**68** 第3章 不寛容はなぜ起こる？

とをそのまま行動に移す状態に陥っていたのではないかということです。この状態になると，行動に対する責任に鈍感になり，自分はあたかも命令システムのなかの一部として機能する歯車のようなものであるという認識が生じるとされています。

## ▷ 服従に関する追試研究

　ミルグラムの服従実験の発表後しばらくは，世界の多くの国で追試研究がなされました。1968 年から 85 年の間に行われた追試の結果をまとめたブラス（Blass, 2012）によると，アメリカ国内の追試研究では平均 60.9%，アメリカ国外（イタリア，南アフリカ，ドイツ，オーストラリア，ヨルダン，スペイン，インド，オーストリア）の追試研究では平均 65.9% の服従率が報告されています。

　服従実験は，参加者への精神的負担が大きく，倫理的な問題を多く含んでいるため，同じ手続きでは現在実施できません（➡ **コラム 4**）。ただし，いくつかの工夫をした追試研究が行われています。バーガー（Burger, 2009）は，①研究参加前のスクリーニング（精神疾患の経歴，抑うつに関する尺度への回答結果）の実施，②電圧上限を150V に設定，③実験者として臨床心理学の専門家を配置，といった倫理的配慮を行った上で追試研究を実施しました。150V は，ミルグラムによる一連の実験で生徒役が最初に「外に出してほしい」と訴える電圧レベルで，スイッチを押すのをやめた人が最も多く出ました（40 名中 6 名が中断し，その時点での服従率は 82.5%）。その後は，450V の最大値まで多くの参加者がスイッチを押し続けたことから（服従率 65%），150V までの服従率を検討することには一定の妥当性があると考えたのです。実験の結果，150V もしくはそれより手前でスイッチを押すことをやめた参加者は 40 名中 12 名で，服従率は 70% でした。ここでも，ミルグラムの研究で示された服従率に

近い結果が示されたといえるでしょう。

ミルグラムがいうような代理状態ではなく，参加者は実験者側の仲間として，実験の円滑な遂行に積極的に協力したのだという「従事的フォロワーシップ」(engaged followership) の観点からの説明もなされています (Haslam & Reicher, 2017)。服従実験は条件を変えて20以上のパターンで実施されました。イェール大学の構内で大学教授が行う研究ではなく，古びた商業ビルで「ブリッジポート研究協会」という（架空の）団体が産業界向けに行う研究として実施した場合，服従率は48%まで下がりました。イェール大学で実施した実験の参加者は権威の正当性を認め，科学の発展に寄与するチームの1人として自らを認識し，スイッチを押し続けた可能性もあると考えられます。

## 3 状況をコントロールできないとき
公正世界理論

▷ **当事者でない第三者の評価**

ミルグラムの実験の参加者は命令システムのなかに組み込まれた当事者でした。現実場面では，当事者以外にも第三者，つまり，命令する人や命令に従う人，罰を受ける人を見ているだけという人たちも存在します。ラーナーとシモンズ (Lerner & Simmons, 1966) は，ミルグラムの実験の状況を少し変えて，命令システムの当事者ではなく，第三者の反応を調べる実験を行いました。

実験参加者は，生徒役（実験協力者）と教師役による一連の学習セッションの様子をモニタ越しに観察するよう指示されました。生徒役が誤答し続け，電気ショックを何度も受けるのを見た後（ミルグラムの実験同様，実際には電気ショックは与えられておらず，演技です)，

**コラム4　研究倫理について**　　本章で紹介したミルグラムの服従実験は，社会心理学の古典的な研究として有名ですが，倫理的な問題を含んでいる点には留意が必要です。最も大きな問題としては，実験参加者の心身の安全の確保がなされていなかったことが挙げられます。実際に電流が流れて生徒役の参加者が苦しんでいると信じていた参加者たちには，大きな精神的なストレスがかかっていたと容易に想像できます。

　現在では，多くの研究機関に，人を対象とした研究実施のための倫理委員会が設置されています。委員会では，研究参加者の心身の安全の確保，**事前説明（インフォームド・コンセント）** を含む研究参加の同意プロセス，実験手続き上**虚偽の説明（デプション）** を行う場合は**事後説明（デブリーフィング）**，個人情報や得られたデータの管理方法の妥当性などについて，研究者が提出する研究実施計画書に沿って審査します。また，日本心理学会（2009）では，会員や認定心理士，その他，心理学に関係する研究や職務に従事する人のための倫理上の行動指針に関する規程も設けられています。心理学的な研究をするにあたっては，大きな責任と義務が伴います。

*Column 4*

一部の参加者は引き続き同じように後半のセッションが行われることになったと知らされました。つまり生徒役が再び電気ショックを受け続けることを参加者に予期させたことになります。一方，別の参加者たちは，後半のセッションでは学習のルールが変わり，正解すると報酬がもらえるようになると聞かされました。その後，参加者は，モニタに映った生徒役の人物の印象を評価する質問紙に回答を求められました。

　すると，引き続き同じように後半のセッション（電気ショック）が行われると伝えられた参加者は，報酬がもらえることになったと聞かされた参加者よりも，生徒役の人物を「魅力的ではなく」「将

3　状況をコントロールできないとき　　**71**

来の人生において望むものを手にすることはできないだろう」と，否定的に評価しました。

　なぜ，引き続き電気ショックを与えられると予期させられることが，生徒役の人物への否定的な評価をもたらすのでしょうか。ラーナーは，以下のように説明しています。実験中，誤答により電気ショックの罰が与えられるという状況は，生徒役の人物にとっては苦痛です。また，何か法を犯したり，だれかを酷い目にあわせたりしたわけではなく，生徒役として実験に協力し誤答した結果，苦痛を与えられるのは理不尽とも捉えられます。後半から報酬が与えられるやり方に変わるといわれると，そのような理不尽な状況から生徒役は抜け出すことができ，前半の苦痛が後半の報酬によって埋め合わされることも期待できます。一方で，引き続き誤答による罰を受けることが決まった条件では，理不尽な状況は変わりません。そして，再び生徒役が電気ショックを受ける光景をモニタ越しに観察させられることは，実験参加者にとっても苦痛です。観察者としての苦痛を少しでも和らげるために，生徒役の人物の能力が劣っているせいで罰が与えられるのだ（誤答を続ける生徒役の人物に非があるのだ）と状況を都合よく再解釈した結果，否定的な評価がなされたのではないかということです。

▷　公正世界理論

　このラーナーとシモンズの研究が端緒となり，**公正世界理論**（just world theory；Lerner, 1980）が提唱されました。この理論では，まず前提として，わたしたち人間には公正な世界を信じたいという欲求が存在すると仮定します。ここでいう公正な世界とは，安定し，秩序立っていて，皆がそれぞれ自分にふさわしいものを手にするような，予測可能な世界です。安定や秩序は，正の投入には正の結果，

72　　第 3 章　不寛容はなぜ起こる?

負の投入には負の結果が伴うというシンプルな因果ルールによって
もたらされます。例えば，何か悪いことをしたら罰せられ，良いこ
とをしたら報われるというような原因と結果の関係をイメージして
ください。試験中にカンニング行為を行ったら履修中のすべての科
目の単位が不可になる，試験勉強をがんばったらいい点数がとれる，
のような関係です。

　この因果ルールは，幼少期からの経験や学習によって，多くの人
が獲得しているといわれています。小さい頃に絵本などでこのルー
ルを学ぶ機会も多いでしょう。桃太郎やシンデレラなどの有名な物
語には，少なからず良い人が報われ，悪い人が罰せられるという内
容が含まれています。このような因果ルールが世の中に存在してい
るという仮説を公正世界仮説（just world hypothesis）といいます。

## 4　他者に対する不寛容

### ▷ 被害者非難と加害者の非人間化

　公正な世界を信じることは，精神的な安定をもたらします。公正
世界信念の強い人は，自分自身の判断や行動は自分でコントロール
し，自分で決定できるという感覚（内的統制）が強いことがわかっ
ています（Carroll et al., 1987）。また，未来の目標に向けてコツコツ
努力を続けられる傾向もあります（Hafer & Bègue, 2005）。世界が公
正であると信じながら，わたしたちは日々の生活をこなし，未来の
よりよい自分の姿をイメージして行動しているのだともいえます。
学習や経験を通して身につけた公正な世界を信じることは，実質的
にわたしたちに利益をもたらしています。

　一方で，自分が信じる公正な世界の存在が脅かされたとき，しば

しば他者に対して不寛容な反応を示すこともわかっています。主に不寛容の対象となるのは，予測不可能な事件や事故の被害にあった自分以外のだれかです。これまでに自分が慣れ親しんできた，予測可能な世界のルールから逸脱した経験をした他者，とも言い換えられます。わたしたちは，明日何が起こるかわからないような，不確実な状況で生活を続けることにストレスを感じます。そこで，他者が事件や事故に巻き込まれた原因を偶然ではなく必然，つまり予測可能であったと再解釈し，被害者側に避けるチャンスがあったのではないかと考えます。「あなたにも非があった」「そんな時間にそんな場所にいたほうが悪い」という発言は典型的なものです。このように，事件や事故に巻き込まれた原因を被害者に押しつけ，自業自得といって責めることを**被害者非難**（victim derogation）といいます。

被害者非難をすることで，自分の信じる公正な世界観を否定する必要はなくなり，不安も緩和されます。カランらは，実験を通してこのことを明らかにしました（Callan et al., 2014）。罪のない被害者が苦しむ不公正な状況について書かれた文章を読んだ実験参加者は，少し先の大きい報酬よりも，すぐにもらえる小さい報酬を好みました。長く待っても報酬がもらえないかもしれないと不安になり，短期的な利益を選好するのです。一方で，被害者を非難した場合は，すぐにもらえる小さい報酬ではなく，少し先の大きい報酬を好みました。被害者を責めることで自分の信じる公正な世界観が維持され，正の投入（我慢）をすれば，正の結果（より大きな報酬）がもらえるという，これまでに学習した因果ルールに沿った行動をとることができるようになったのだと解釈できます。

さて，事件や事故の加害者は，秩序を乱した不道徳な人物として，否が応でも厳しい反応にさらされます。先ほどのカランらの研究では，事件の加害者がすでに逮捕され，処罰を受けているという情報

**74**　第 3 章　不寛容はなぜ起こる？

が提供されると，被害者非難が起こりにくいことも示されています。負の投入（事件を起こしたこと）には負の結果（罰）がもたらされるという因果ルールに沿って公正さを取り戻そうとするプロセスに関する情報にも，不安を和らげる効果があるのでしょう。その結果，被害者非難を通した不安や脅威の低減の必要性が相対的に低くなると考えられます。

　加害者への罰を通して公正さを取り戻そうとするプロセスには，ネガティブな側面もあります。これまでの研究から，人を傷つけた事件の加害者は，たとえ相応の罰を受けたとしても，**非人間化**（dehumanization）されることがわかっています。非人間化とは，対象となった人物を自分とは異なる世界に属する生き物だと考えることをいいます。ものごとの筋が通っていないとか，乱暴，善悪の判断がつかないなど，対象となる人物を動物のようにみなす非人間化と，冷徹，自分の意思をもたない，柔軟性がないなど，機械のようにみなす非人間化の2種類があるといわれています（Haslam, 2006）。公正世界信念が強い場合，加害者に対して，より非人間化が行われやすくなる傾向があります（村山・三浦，2015）。

　非人間化は，排斥や偏見（⇒第2章）を生み出します。また，人を人として扱わないという考え方は，時に非合理的で妥当性に欠けた判断にもつながります。これらは，加害者の更生や社会復帰の道をも困難にするでしょう。事件や事故の被害者のみならず，加害者に対しても，第三者が少ない情報から何かを結論づけたり，排斥や偏見を強める言動をしたりすることには注意が必要でしょう。

### ▷　内在的公正推論

　ところで，病気になった人に対しても，「不健康な生活を送っていたからだ」「もっと規則正しい生活をしていたら病気にはならな

かった」などの非難がなされることがあります。冒頭の Quiz は，新型コロナウイルスへの感染について，「感染は自業自得だと思う」と答えた人の割合を比べたものでした（三浦ほか，2020）。全体的に見ると自業自得と思っている人は少数派ではありますが，日本は他国と比べてその割合が大きいことがわかります（日本 11.5%，中国 4.8%，アメリカ 1.0%）。

　事故や病気などの不運な出来事が起こった原因について，実際のところは何もわからないにもかかわらず，日頃の行いの結果であると考えてしまう非合理的な推論を**内在的公正推論**（immanent justice reasoning）と呼びます。「公正」という単語が使われていることからもわかるとおり，この推論は自分が信じる安定して秩序立った公正な世界のルールに基づいたものです。これまでの研究から，過去に道徳的な失敗（例えば窃盗などの犯罪）を犯している人は，そうでない人に比べて，不運を日頃の行いのせいであると思われやすいことがわかっています（Harvey & Callan, 2014）。この傾向は，アメリカ人よりも日本人のほうでより顕著であることも示されています（Murayama et al., 2022）。

　このような非合理的な推論は，自分自身の生きづらさにもつながるでしょう。例えば無関係な 2 つの出来事に因果関係を想定することが当たり前になってしまうと，「道徳的にふるまわなければバチがあたる」のような考えにとらわれてしまう可能性があります。**第 2 章**でもふれられたとおり，わたしたちは自分や他者に起こった出来事について何かしらの原因があると思いたくなります。しかし，実際のところ，原因がわからないということは多々あります。また，とくに他者に起こった出来事について，第三者が入手できる情報は限られています。ニュースなどで知った断片的な情報に基づいて，自分の心の安寧を取り戻すために被害者を非難するような非合理な

76　第 3 章　不寛容はなぜ起こる？

推論を行っていないかどうか，気をつける必要があります。なぜなら，公正な世界を信じたいがゆえになされる他者へ向けた不寛容な態度が，結果的に自分を息苦しくさせているかもしれないからです。

### ▷ エラー管理から生まれる不寛容

感染症のような病気に対しては，罹患者を自業自得だと非難する以外に，接触を避けるといった反応も見られます。この反応の背景は，**エラー管理理論**（error management theory；Haselton & Buss, 2000）に基づき説明できます。

わたしたちがさまざまな判断をするときには，2種類のエラーが起こりえます。わかりやすい例として，裁判の有罪無罪判断を取り上げます。1つ目のエラーは，本当は無罪なのに有罪としてしまう，いわゆる冤罪判断で，「タイプ1エラー」，または「偽陽性」といわれます。もう1つのエラーは，本当は有罪なのに無罪と判断してしまうもので，「タイプ2エラー」，または「偽陰性」と呼ばれています。裁判では，冤罪判断を極力避けるために「疑わしきは被告人の利益に」「推定無罪の原則」のようにタイプ1エラーをできるだけ起こさないことが重視されています。一方のエラーが起こらないように気をつけようとすると，もう一方のエラーはどうしても起こりやすくなるため，場合によっては真犯人を放免してしまうといったことが発生するかもしれません。

感染症に関しても，目の前の人が感染症に罹患しているかどうかや，回復後に周囲に感染させるかどうかを判断するときに，上述した2種類のエラーが発生しえます。とくに新規な感染症の場合，治療方法やワクチンなどの手段が十分整っていないことから，感染に対する恐怖が強い人も出てくるでしょう。そうすると，どうしてもタイプ2エラー，つまり，本当は感染している（まだ感染力があ

4　他者に対する不寛容　**77**

る）のに，感染していない（感染力がない）と判断して他者と接触することで，自分が感染するエラーを避けたいと考えます。こちらのエラーを極力起こさないようにすると，相対的にもう一方のエラーが生じやすくなります。つまり，本当は感染していないのに医療従事者だからといって避けられる，すでに回復して感染力が失われているのに接触を避けられる，という事態が発生しやすくなります。この反応は，感染して苦しい思いをする可能性を低くするという意味で，適応的な側面もあります。しかし，回復後長期間が経過してもなお避けられたり，学校や職場への復帰を拒まれたりするという事態は差別にあたります。差別を生じさせないためにも，利用できる信頼性の高い情報に基づき，冷静な判断をすることが求められます。

## Summary　まとめ

　本章では，集団のなかにおかれた個人のふるまいについて，いくつかの古典的な研究を紹介しました。わたしたちは状況の力に抗いづらく，他の人たちに合わせて意見を変えたり，立場が上の人に命令されるとそれに従ってしまったりする傾向があります。また，理不尽な目にあっている人の情報にふれると，その人に対して否定的な反応をしてしまいがちなことも公正世界理論の観点から説明しました。その背景には，集団から排斥されたくない，間違った判断をして罰を受けたくない，集団の一員として期待に沿った行動をしたい，自分の信じる世界観に沿った因果ルールで出来事を解釈したい，といった複雑な思いが存在しています。しかしそこには共通して，自分が感じる不安を極力なくしたい，ということがあるともいえます。

　不運に巻き込まれた人に対して，否定的で不寛容な反応を極力行わないために何か方法はあるのでしょうか。まずは，被害にあったことや不運の原因を強引に探して断定しないように気をつけることが考え

**78**　第 3 章　不寛容はなぜ起こる?

られます。多くの場合，ニュースなどで第三者が得られる情報は部分的なものです。限られた情報だけで，だれにどのような責任があるのかに関する正しい判断はできないのだと理解すれば，不寛容な反応を抑制できるかもしれません。また，不運の原因をその人の過去の行動に求めて自分の不安を解消しようとするのではなく，不運が上書きされるような，その人の未来に起こりうるポジティブな出来事の予期を通して不安を解消する方法を考えてみることもできるでしょう。変えられない過去ではなく，変えられる可能性がある未来に目を向けるということです。自分や他者にとっての，よりよい未来をイメージできるようになるためには，個人の努力のみではなく，地域コミュニティや社会制度の役割も含めて今後議論していく必要があるでしょう。

### *Report assignment* レポート課題

　新型コロナウイルス感染拡大が始まった頃は感染者数も少なく，本章で説明したような「感染は自業自得」といった考えや，感染者に対する不寛容な態度や反応が見られました。このことについて，自分の経験も振り返りながら，なぜそのような不寛容が生じたのかを，本章で示した内容やその他の社会心理学的な考え方に基づいて考察してください。また，不寛容を低減するために，個人レベル，集団（コミュニティ）レベル，社会レベルでできることについて，それぞれアイデアを出してみましょう。

### *Book guide* 読書案内

縄田健悟『暴力と紛争の"集団心理"──いがみ合う世界への社会心理学
　からのアプローチ』ちとせプレス，2022 年
ミルグラム , S. ／山形浩生訳『服従の心理』河出書房新社，2008 年

# 葛藤はなぜ起こる?

いざこざから紛争まで

Chapter

第 **4** 章

## Quiz クイズ

あなたを含めて 41 人が集まっているとします。次の 6 つの数字から 1 つ選んでください。あなたたち全員が同じ数字を選べたら,あなたたちは賞金を得ることができます。過去に行われた実験で多かった数字を正解とします。どれを選んだらよいでしょうか。

| 7 | 100 | 13 | 261 | 99 | 555 |

## Chapter structure 本章の構成

自己利益の追求
自分 1 人くらいは
内集団ひいき

心理的葛藤
社会的葛藤
(個人間～集団間)

相互利益
の実現

葛藤の解決
社会の
分断と包摂

- 対立・紛争
- 囚人のジレンマ
- 多数派 vs. 少数派
- 沈黙の螺旋理論

- 集団間接触
- ゲーム理論
- 応報戦略
- 不公正への制裁

## Answer クイズの答えと解説

**7**

この問題はシェリングの『紛争の戦略』（Schelling, 1960）という本に載っているものです。シェリング自身による実験では，41人中37人が左から1つめから3つめまでの数字を選択し，僅差で7が100を上回り，13が第3位でした。皆さんはどう予想したでしょうか。なぜこのような結果になったのか，考えてみてください。

## Introduction 導入

　複数の欲求や考え方がある場合，そのどれを選んだらよいのか悩むことがよくあります。選択肢が互いに相反し，両立できないような状況を葛藤と呼びます。ある立場から望んでいる状態をかなえたいとする一方で，それを阻害するような立場や状況もあるがゆえに，どのような意思決定を行ったら最良の結果が得られるか悩みを抱えることになります。

　こうした葛藤の心理プロセスは，個人内にとどまらず，対人的な関係の構築や維持においても起こってきます。個人間や集団間で生じる葛藤は社会的葛藤と呼ばれます。とくに自分自身が集団に所属したり愛着を感じたりする程度によって，他の集団やそのメンバーに対する見方が変わり，憎しみや敵意を抱いたりすることもあります。集団間の対立や地域紛争も社会的葛藤であり，その葛藤が生じる原因や問題解決には，個人と集団との関係や，集団間関係に関する社会心理学の知識が応用できます。

　社会的葛藤がなぜ生じるのかということと，それをどう解決するのか，という問題は表裏一体です。自分にとっても相手にとっても，相互により望ましい状態を目指すにはどうしたらよいでしょうか。

**82** 第4章 葛藤はなぜ起こる？

# 1 身の回りに潜む葛藤

▷ **心理的葛藤**

わたしたちは自分が希望するようにものごとが進んでほしい，すなわち自身の利益を追求し，よりよい立場に立ちたいと思う一方で，思うようにならないことがあります。日常を見渡せば，悩ましく，簡単に意思決定ができないことがたくさんあることに気づくでしょう。よりよい決定を行おうとすればするほど，どの選択肢をとったらよいのか迷ったり，決められなくなったりします。個人で判断されるこうした状態は，個人内での**心理的葛藤**（conflict）として捉えることができます。

レヴィンの古典的研究によれば，心理的葛藤は次の3つのタイプに分類できます（Lewin, 1935）。第1に，複数の対象が同じように魅力的である際に，どれかを選ばなければならない「接近−接近」葛藤です。レストランで食べたいメニューが複数あるときに決められないような状況です。第2に，複数の対象を同じように避けたい「回避−回避」葛藤です。試験勉強はしたくないけれど不合格にもなりたくないというような状況です。第3に，同一の対象において，魅力的な面とそうでない面との両方がある場合，その対象を選択するかどうかという「接近−回避」葛藤です。以上3つのタイプの葛藤において，人（P：Person）が接近したい対象「＋」に向かう矢印，回避したい対象「−」が迫ってくる矢印で表したのが**図4-1**です。

心理的葛藤状態に共通することは何でしょうか。それは目標とすべき**自己利益の追求**であるという点です。葛藤の3タイプの具体例

**図 4-1　葛藤の 3 タイプの模式図**

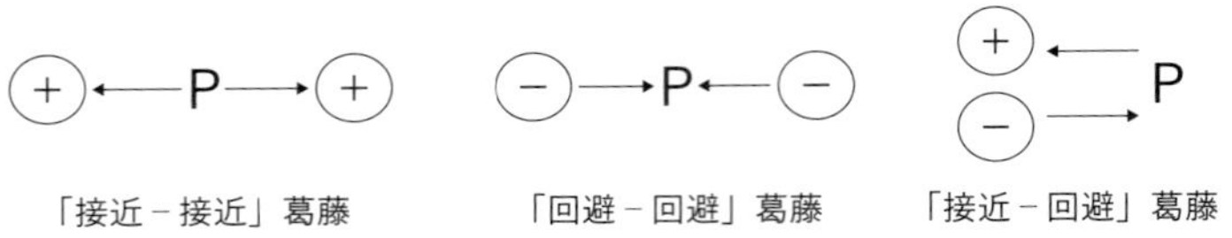

「接近－接近」葛藤　　　　　「回避－回避」葛藤　　　　　「接近－回避」葛藤

でいえば，レストランで最も満足の高い食事がしたいとか，効率よく試験に合格したいとか，欠点はあるけれど手に入れるかどうか，といったことになります。もう 1 つは，矛盾した情報を避けようとする心理であるという点です。このような発想はその後の社会心理学の研究へ受け継がれていきます。

　序章でも触れた**認知的不協和理論**（Festinger, 1957）では，個人内の複数の認知の間で矛盾する事柄がある葛藤状態を「不協和」と呼び，人はそれを低減するように動機づけられるとされています。この不協和というのは，和音で響きあわない現象を指します。複数の人々の間で意見が異なるときに，あたかも不協和が奏でられているようにたとえられています。

　心理的葛藤は，他者との間の異なる認知によっても生じます。**図4-2** に示すハイダーの**バランス理論**（Heider, 1958）の模式図で，右側の三角形を見てください。例えば，ある対象（X）に対する評価が，自分（P）の評価と自分と良好な関係にある他者（O）とで異なるとき，不均衡（インバランス）が生じます。ここで，3 者の間のそれぞれの関係や評価をプラスかマイナスで表し，3 つの符号の積がプラスになればバランス状態（図の左側），マイナスになればインバランス状態となります。認知的不協和理論と重ねていえば，わたしたちはある対象に対する情報処理において矛盾した（インバランスな）状態を避けようとします。

**84**　第 4 章　葛藤はなぜ起こる？

図 4-2 バランス理論の説明

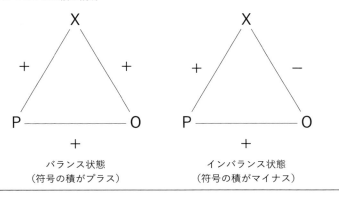

　インバランスの原因が単なる食べ物の好みや応援するスポーツチームの違いであればよいのですが，双方が譲れない価値に関わるような場合，深刻な対人関係の葛藤につながり，対立や良好な関係の崩壊が生じることもあります。一方で，仲のよくなかったクラスメートと，共通の趣味があることがわかり，それが良好な関係を築いていくきっかけにもなるでしょう。

　このように，葛藤は個人内の心理状態にとどまらず，社会的な関係においても生じます。こうした葛藤を**社会的葛藤**（social conflict）と呼びます。社会的葛藤が生じるとき，対人関係や集団間関係も大きく影響しますが，個々人が一貫性を維持しようとするはたらき（一貫性の原理➡第 8 章）や，自己利益を追求しようとするはたらきから捉えることも重要です。個人内で生じる葛藤や意思決定のプロセスを基礎として社会的葛藤を考えていきましょう。

▷　**社会的葛藤**

　社会的葛藤は個人と個人との間，さらには集団と集団との間でも

生じます。小説やドラマでも見られるように愛する人への思いがやがて憎しみに変わっていくのも，国と国とで価値観や利害が対立して戦争につながっていくのも，社会的葛藤の問題として捉えられます。対人関係におけるいざこざや仲違いと地域紛争はあまりにかけ離れているように思えるかもしれません。個人間の関係と集団間の関係は，葛藤が生じる原因もプロセスも異なりますが，共通して見られる特徴もあります。葛藤研究から共通項を探っていくことにしましょう。

大渕（2015）によれば，社会的葛藤や紛争は，社会学，人類学，法律学，政治学などの社会科学分野ではそれ自体が中心的な研究テーマとして扱われてきていますが，社会心理学では，次の5つの研究領域にまたがって扱われています。第1にゲーム理論，第2に産業組織における研究，第3にコミュニケーション研究，第4に攻撃性の研究，第5に差別や偏見など，集団認知や集団間関係に関する研究で，社会心理学の各分野の多岐にわたっていることがわかります。援助が求められる場面で助けるか（➡第9章）も葛藤研究の1つです。こうして見ると，本書の各章において社会的葛藤に関連することが説明されていると気づくでしょう。

本章ではとくに，個人の問題を社会の問題として捉える試みを前提として，他者との相互依存関係にある状況で生じる葛藤や個人と社会との関係から生じる葛藤に注目して考えていきます。前者にはゲーム理論が役立ちます。後者については社会的ジレンマの考え方から葛藤の解決を検討します。

### ▷ 社会的葛藤の発生と解消のプロセス

ここで，葛藤の発生と解消のプロセスのモデルとして，シェリフらの**泥棒洞窟実験**と呼ばれるサマーキャンプを紹介します（Sherif et al., 1961)。この実験に参加したのはアメリカ・オクラホマ州のごく普通の少年たちでした。このキャンプは，内集団の形成，集団間の葛藤，葛藤の解消の3段階の構成で計画されていました。

第1段階の内集団の形成では，少年たちはランダムに2つの集団に分けられ，別々にキャンプを行いました。ここで重要なのは，他の集団が存在することを知らされていなかったということです。水泳やハイキングなどをそれぞれ行いながら，次第に集団らしさが形成されていきます。それぞれ集団規範が形成され，イーグルスとラトラーズという集団名も付けられました。1週めが終わる頃，他の集団の存在に気づきだします。そうすると競争意識が芽生え，お互いに自分たちが内集団，もう1つが外集団として認識されるようになったのです。

第2段階は，集団間の競争事態が導入されます。野球や綱引きなど，集団間で対抗試合が行われ，勝利集団には賞品が与えられました。綱引きの試合に敗れたイーグルスのメンバーは，帰り道でラトラーズの旗を見つけると，皆で引きずり下ろすなどの暴挙に出ます。ラトラーズもそれに対して報復の行動に出ます。ここでビーントスゲームという**内集団ひいき**に関する実験が行われました。ゲームとして制限時間内にできるだけ多くの豆を拾うという内容で，両集団とも同程度の豆を拾ったのですが，両チームそれぞれが獲得した豆がスクリーンに映し出されると，自分たちのほうが多くの豆を拾ったと判断していました。こうして両集団に強い葛藤が生じ，対立が続きます。仲のよい友人を選ばせると，90%以上が内集団のメンバーを選択しました。**集団凝集性**（group cohesiveness：集団のメンバーをその集団にとどまらせるようにする集団としてのまとまりのよさ）も高くなりました。

第3段階は，集団間の対立の解消が計画されました。ここで葛

藤を解消するための条件としてどんなことが考えられるでしょうか。オールポート（Allport, 1954）は，両集団のメンバー同士を接触させることが集団間葛藤を減少させるための最良の方法だとしています。このことは**接触仮説**（contact hypothesis）として知られるようになりました。集団間で相互に敵意が生じるのはお互いのことを知らないからであり，お互いをよく理解するために，両集団のメンバーが競争をしないような状況で交流できるようにすれば，葛藤が解消されるというわけです。このサマーキャンプでも集団間接触の機会が試みられましたが，単なる接触は集団感葛藤の低減に効果がなかったようです。そこで，集団間接触をした上で必要なこととして，両集団にとっての上位目標が導入されました。両集団合同のキャンプが計画されたのです。このとき，給水タンクの故障や，食料をとりに行くトラックが動かなくなるといった事態が実験者によって計画的に引き起こされました。キャンプを続行するために，両集団のメンバーが協力してトラックを引っ張らなくてはならなくなりました。その結果，事態を乗り越えることができ，集団間葛藤も解消に向かったのです。

▷ **内集団ひいき**

自分たち以外に集団が存在するというだけで葛藤が生じているところに着目してみましょう。タジフェルら（Tajifel et al., 1971）は，人々をランダムに振り分けただけの集団（**最小条件集団**）においても自分が属する集団のメンバーの利益になるような行動をとる内集団ひいきをしていたことを報告しています。実験は次のような手続きで行われました。

実験参加者はある課題を行い，その結果をもとに2つのグループに分けられると告げられましたが，実際にはランダムに振り分け

**表 4-1** 最小条件集団の報酬分配の表

|  | | 例 | 与える報酬（タイプ 1） | | | | | |
|---|---|---|---|---|---|---|---|---|
| 集団 A<br>（内集団） | 4 | 5 | 6 | 7 | 8 | 9 | 10 | 11 |
| 集団 B<br>（外集団） | 11 | 10 | 9 | 8 | 7 | 6 | 5 | 4 |

|  | 与える報酬（タイプ 2） | | | | | | | |
|---|---|---|---|---|---|---|---|---|
| 集団 A<br>（内集団） | 10 | 11 | 12 | 13 | 14 | 15 | 16 | 17 |
| 集団 B<br>（外集団） | 7 | 9 | 11 | 13 | 15 | 17 | 19 | 21 |

られました。次に実際のお金で報酬や罰を与えるために，自分以外の 2 人に報酬や罰の基準となるポイントを分配することが求められました。全員に番号が割り振られた上で，だれがだれに報酬や罰を与えるかはわからないようになっており，1 人ずつ別の部屋に連れて行かれて，自分がどのグループ（集団 A または集団 B）に属しているかが告げられます。そこで実験参加者は，**表 4-1** に示されるような数字のペアが上下に並んだ表を渡され，自分と同じグループ（内集団）と異なるグループ（外集団）に属するそれぞれ 1 人にポイントが分配されるペアを選びます（**表 4-1** の楕円で示された例のように）。**表 4-1** は 2 つのタイプの報酬分配の組み合わせを示していますが，あなたがこの実験の参加者で A 集団に属していたとしたら，タイプ 1 とタイプ 2 それぞれで，どのペアを選びますか。当時の実験ではどちらか一方の表を見せられたのですが，ここでは 2 つの表を見比べながらそれぞれ選んでみてください。

1　身の回りに潜む葛藤　**89**

タイプ1の表のいちばん左の列は，内集団に4点，外集団に11点を分配するという組み合わせを表しています。右にいくほど内集団メンバーのポイントは高くなり，外集団メンバーのポイントは低くなることが読み取れます。このとき，内集団メンバーのポイントが多くなるようなペアを選ぶ傾向が強くなりました。下のタイプ2の表では，右にいくほど内集団メンバーのポイントはタイプ1と同様に高くなりますが，外集団のメンバーのポイントは内集団よりも高くなっていきます。内集団に多くのポイントを与えるのであればより右のペアを選べばよいことになりますが，外集団のメンバーはそれよりも多くのポイントが分配されることになります。このようなときは，内集団のポイントを減らしてでも外集団のポイントが高くならないような数字のペアが選ばれていたのです。

　この実験結果をどう解釈するかは，その後大きな議論を呼びました。ここで着目してほしいのは，お互いに匿名のもとで，単にこのような実験状況（最小条件集団）に遭遇するだけで，人は自分と同じ集団のメンバーに有利に働く行動をとったということです。現実の世界において，こうした点数の割り振りを行うことはないでしょう。しかし，この実験が意味するような事態として，さまざまな集団間での葛藤場面を思い浮かべることができるでしょう。

## 2　皆は何を考えていると考えているか
ゲーム理論

### ▷　かけひきと決断

　対人的な関わりにおいて依存関係があるような状況では，協力することで相互の利益を高めることができますが，相手を出し抜くことでより多くの利益を得ることもあります。こうした利己的な行動

は社会的葛藤を増大させることにもつながります。また，個人と社会との関係において生じる葛藤もあります。自分の利益を追求する過程で，わたしたちは「自分1人くらいなら」とつい思いがちになりますが，多くの人が同じように考えるために，皆が同様に利益を追求し，社会にとって望ましくない結果が生じてしまいます。このような状況を回避する方法として，集団において協力行動をとるためにはどうしたらよいか，考察していきます。

　自分がどれだけの利益が得られるのかは，他者の行動によって変わってきます。また自分の行動も他者に影響を与えます。大型連休で行楽地に向かう車の渋滞予測に対して，多くの人々が別のルートを選択したり，行楽そのものをとりやめたりした結果，渋滞が生じなくなるということが考えられるでしょう。新型コロナウイルス感染症（COVID-19）拡大下で行動規制や自粛が求められている状況で用心して出かけたところ，多くの人が繰り出していて感染のリスクが高いと感じた場合，それは他の人々にとっても同様で，自分自身の行動がそうした現実をつくりだしているのです。

　自分が利益を得ることを我慢し，社会に協力的な行動をとるようにした場合，多くの人が同様の行動をとればとるほど，協力しなかった人は多くの利益を得ることになります。善意に基づいて行動した人は，そうでない人（後述する「フリーライダー」）に搾取されてしまうかもしれません。災害発生時に，水や食糧，乾電池などが売り切れたりします。COVID-19 の世界的流行の初期では，マスクなどの衛生用品が買い占められて多くの人に商品が行き届かないということが起きました。皆が必要な分だけ購入すれば商品は不足しないといわれます。そんなとき，「わたしは商品不足をデマだと理解しているし，多くの人々がそれを理解していれば買いだめによるパニックは生じない。でも他の人たちはそうは思っておらず，私だけ

が損をするかもしれない。だから必要以上に買っておこう」と思うこともあるでしょう。このように、自分はとるべき適切なふるまいは承知しているけれど、他の人々はそうでないだろうと皆が感じることを**多元的無知**（➡第9章）といいます。

以上のように、自分の行動に関する意思決定は、他者の行動の推測や結果に影響を受けます。

## ▷ 囚人のジレンマ

自分の行動が他者の行動に依存するような状況を説明する理論としてゲーム理論があります。代表的な例として、**囚人のジレンマ**を考えてみましょう。

囚人のジレンマとは、容疑者が捜査に協力したら刑を軽くするという司法取引をモデル化したものです。いま、同じ事件に関係している疑いがある2人（囚人Aと囚人B）が留置所の別々の部屋で取り調べを受けているとします。立件するには双方の自白が必要ですが、囚人には黙秘する権利があります。囚人A, Bそれぞれにとって、「黙秘を続ける」は協力、「共犯証言をする（自白）」は非協力（裏切り）ということになります。ここで取り調べを行う検事は、囚人Aに次のように取り引きをもちかけます。「もし、囚人Bが犯行をしたと自白すれば、あなたの懲役の年数を短くしてあげましょう。しかし、あなたが自白せずに相手が自白したら、あなたの懲役の年数は長くなりますよ」と。このとき、囚人Aの懲役年数は**図4-3**のようになります。囚人Bが黙秘した場合、囚人Aの懲役は黙秘すれば3年、自白すれば1年になります。一方、囚人Bが自白した場合、囚人Aの懲役は黙秘した場合に15年、自白した場合は10年となります。囚人AとBを入れ替えてもまったく同じことがいえます。ここで重要なことは、相手が黙秘か自白かどちらを選択し

**図 4-3** 囚人のジレンマの利得表（懲役年数）の例

| | | 囚人 A の選択 | |
|---|---|---|---|
| | | 黙秘 | 自白 |
| 囚人Bの選択 | 黙秘 | 3 年 / 3 年 | 1 年 / 15 年 |
| | 自白 | 15 年 / 1 年 | 10 年 / 10 年 |

　ようとも，自分は自白したほうが懲役の年数は短くなるということ
です。相手の行動にかかわらず，非協力的な行動をとったほうが得
をするのです。

　ここで，囚人を国際紛争における国 A と国 B に置き換えてみる
ことにしましょう。すると，囚人に対する取り調べと，国際間の協
力関係とが，まったく同じ問題構造をもっていることに気づくで
しょう。しかし，よく考えてみてください。こんな単純な話（モデ
ル）を現実問題にあてはめて考えることができるでしょうか。あて
はまらないとすれば，現実問題を説明するために足らない視点は何
でしょうか。まずは，囚人のジレンマや国際紛争のジレンマのモデ
ルと現実とでどこが異なるのか，思いつく限り挙げてみてください。

　まず思いつくのは，囚人のジレンマでいえば，相手は協力してい
たにもかかわらず，自分は裏切った結果，相手が懲役を終えて出所
した後に，裏切った相手に復讐されるかもしれない，ということで
す。いずれ相手に復讐されることを思えば，協力しておいたほうが
よいと考えるかもしれません。このモデルでは 1 回限りの意思決
定ですが，現実では協力か非協力かの意思決定をした後にも関係が
続くことがあるわけです。また，国際紛争では相手国が先制攻撃を
仕掛けてくれば，自国も報復するということもあるでしょう。現実

2　皆は何を考えていると考えているか　　**93**

でもゲーム理論の実験状況でも，同時に意思決定を行うのか，相手の決定を知ることができるのかということは，双方の意思決定に影響を与えます。対人的な葛藤と国際紛争とは，それに関わる人々や地域の規模も異なり，実際に別々の問題のように思えますが，ゲーム理論で捉えたような相互依存的な状況を考慮すれば，両者の問題構造を同じように捉えることもできるのです。

　相手の行動を読み，自分の行動を決めるというのは，自分にとってももう一方の相手にとっても同じことがいえるのです。囚人のジレンマに関しては数多の実験研究がありますが，囚人のジレンマのゲームを繰り返し行った場合にどうなるかも研究されています。ここで葛藤の解決に話を戻せば，重要なことは，どうやったら最も相手の協力を引き出せるのかということです。

　本章冒頭の Quiz では，他の人たちとコミュニケーションがとれない状況で，他の人だったらどう答えるだろうかという推測をもとに自分の答えを決めるという「暗黙の調整」を考えました。お互いにとって共通の目標が達成されるような調整の観点から協力行動を引き出すことは不可能ではありません。

## ▷ 協力を引き出す方略

　繰り返し囚人のジレンマゲームを行うとして，どのような戦略をとったら，最も相手からの協力が引き出せるでしょうか。アクセルロッド（Axelrod, 1984）は，ゲーム理論研究者に呼びかけ，繰り返しのある囚人のジレンマゲームの戦略をコンピュータのプログラムとして募集し，集まった戦略を対戦させました。全面的に協力する戦略，全面的に非協力的な行動をとる戦略などが挙げられます。

　そのなかで相手の協力を引き出す最も優れた戦略が，**応報**（**Tit-For-Tat**）**戦略**でした。この戦略は，最初に協力をし，相手が裏切っ

たらやり返す，というものでした。相手が協力なら次に協力を選択し，相手が非協力ならば次に非協力を選択するのです。

応報戦略の強さの秘訣は何なのでしょうか。第1に，それは自分からは裏切らないという「上品さ」があるからです。第2に，やられたらやり返すという「報復性」があるということです。相手の非協力に対して協力を選択すれば，相手に搾取されてしまいますが，それを許さないのです。第3に，相手が非協力であっても，次に協力すれば，過去の非協力は水に流すという「寛容さ」です。そして第4に，このシンプルな戦略は自分の意図を相手に理解してもらいやすいということがあります。

▷ **不公正への制裁**

お互いの利益につながるよう協力できれば双方が得をします。しかし，現実には相手ばかりがいい思いをして，自分だけが不利な状況におかれるということがあり，それが社会的葛藤を生じさせる原因にもなります。

相手がとった行動を受け入れられるかどうかについて，それが自分にとって不利で相手にとって有利な場合，自分が損をしても相手にだけいい思いをさせないようにふるまうことがあります。資源分配が不公正だと感じたときに，少しでも利益をとるか，損だとわかっていても利益をとらないかという状況のモデルとして，**最後通牒ゲーム**が挙げられます（Güth, 1995）。このゲームは，提案者と回答者の2名のプレーヤーで行われます。提案者は一定の金額（例えば1000円）を自分と回答者に分配することを提案します。回答者が提案を受け入れれば，提案どおりに金額が分配されますが，回答者が拒否すると両者が受け取る金額は両方とも0円になります。もし回答者が自己利益を追求する合理的経済人としてふるまうならば，

2　皆は何を考えていると考えているか　**95**

1000 円を分配する際に，提案者が自分が 999 円で回答者が 1 円を得る提案をしても，双方が 0 円になるより両者とも利益が得られるので受け入れるはずです。しかし実際は，回答者の分け前が少ない場合には拒否されてしまうのです。

　もしあなたが提案者の立場であれば，1000 円の分配をどのように提案するでしょうか。また，あなたが回答者の立場であれば，いくらだったら受け入れるでしょうか。

　この最後通牒ゲームにおける提案の拒否は，不公正を是正しようとするメッセージでもあり，不公正に対する報復でもあります。提案者は，回答者の立場に立てば，不公正を悟られないよう，また報復されないような提案が必要だと考えるでしょう。相手の立場に立った上で自分の行動を決める最後通牒ゲームでのふるまいは，人間の行動が自己利益を最大化させるという意思決定に基づいているわけではないことを明快に示してくれています。

## 3　自分 1 人くらいは
### 社会的ジレンマ

▷　「自分 1 人くらいは」の心理

　ここまで見てきたように，葛藤は個人内や個人間，集団間だけでなく，社会と個人との関係においても生じます。大勢の人々の協力によって問題の発生を防ぐことができる一方，「自分 1 人くらい」という心理が働くことで，意図せざる結果が生じることがあります。もし，本当に自分 1 人だけが協力しないのであれば，社会に大きな影響を与えることなく，そしてそれが匿名であるならばだれからも非難されることなく，自分だけ利益を得る**フリーライダー**になることができます。しかし実際には皆が同じように考え，フリーライ

**96**　第 4 章　葛藤はなぜ起こる?

ダーが溢れてきます。

このように「自分1人くらいは非協力をとっても大勢に影響しない」という心理によって多くの人々が非協力を選択してしまうため，結果として社会全体で望ましくない事態を招いてしまいます。こうした状況を**社会的ジレンマ**といいます。

社会的ジレンマについて，ドウズ（Dawes, 1980）は次のように定義しています。

> ① 1人ひとりが「協力」か「非協力」を選択できる状態にある
> ② 個人にとっては「協力」より「非協力」を選択したほうが望ましい結果が得られる
> ③ 全員が「非協力」を選択した結果は，全員が「協力」を選択した結果よりも望ましくないものとなる

以上のような条件がそろったとき，個人は進んで協力しなくなり，全員にとって望ましくない結果につながります。このことは，先に紹介した囚人のジレンマと同じ構造をもっています。

### ▷ 社会的ジレンマの解決

社会的ジレンマは，多くの人が協力すればするほど「自分1人くらいは」と協力しない誘惑にかられる事態です。社会的ジレンマを解決する方略として，問題に対処するように人々のインセンティブを変化させることで行動変容を導く**構造変革アプローチ**と，人々に直接働きかけて態度変容を生じさせ行動変容を導く**態度変容アプローチ**が挙げられます（Messick & Brewer, 1983）。

多くの研究を概観すると，比較的小さな集団で関係が継続するような状況では協力が期待できても，集団が大きくなれば，協力したら報酬褒賞を与え，そうでなければ罰を与える，つまりアメとムチに頼らざるをえないようです。しかし，それ以外の要因も社会心理

3 自分1人くらいは **97**

学では検討が続けられてきました。例えば，次のような工夫をすることで解決につなげられるのではないかと提案することができます（山岸，1990）。

　第1に，集団のメンバー間でコミュニケーションができるようにすることです。第2に，お互いが協力的であると確信できるようにすることです。第3に，大きな集団であってもが比較的小さい単位で解決を検討することです。第4に，個人の行動が全体の結果に影響を与えると思えるようにすることです。第5に，集団間での競争に勝つために集団内で協力するということです。第6に，個人が集団に対して一体感を感じられるようにすることです。以上の6つの例を見て気づくのは，社会的ジレンマに限らず，集団で何か問題が生じているときに必要な対応策につながる提案と捉えることができます。

　学術的に定義すると，厳密には社会的ジレンマとはいえない状況もありますが，現実には社会的ジレンマのような個人と社会との関わりで生じる問題や，「自分1人くらい」のフレーズに代表される問題は多く見られます。裏を返せば，これも社会的ジレンマではないのかとあえて捉えてみることで，身の回りに生じているさまざまな葛藤を整理することもできるでしょう。

# 4　社会の分断と統合

## ▷　社会的葛藤は解決できるか

　ここまで，集団間の対立や社会的ジレンマの状況が生じる原因や解決方法について考えてきました。紹介してきた考え方や理論を使えば，社会的葛藤の解決はできるでしょうか。何も知らないよりは

できるようになるかもしれませんが，そう簡単にはうまくいかないでしょう。それはなぜでしょうか。

　現実の世界は複雑で，先述したサマーキャンプでの泥棒洞窟実験と同じようにはいきませんし，ゲーム理論における囚人のジレンマで表現されるような単純な解は得られません。ではどうしたらよいでしょうか。まず，これまで扱ってきた社会心理学の理論が想定していた単純化された場面を現実の複雑な場面にあてはめる際に，理論と現実のどこが異なっているのかを見つけ出すことです。その違いを生み出している現象を理解する上では，次に述べるような別の理論を組み合わせて考えることが役に立つこともあります。

### 沈黙の螺旋

　社会的葛藤の例として，集団内で逸脱した行動をとる人の存在を考えてみます。多くのメンバーが同じ目標のもとで規範に従った行動をとっているのに，異なる考え方をもつ**少数派**が協力してくれないという状況です。集団の多数派は，自分たちの意見が正しいと認識し，それに従うように説得することが考えられます。しかし，簡単に相手の考え方や行動を変えることはできません。この場合の社会的葛藤の特徴は，集団内での多数派と少数派との対立です。多数派のなかには，少数派の意見を聞き入れ，少数派の視点を取り入れて集団の目標や行動様式を変えるべきだと考える人もいるでしょう。

　アッシュの同調理論（Asch, 1955 ➡ 第3章）のように，多数派のとっている行動に疑問を感じても，それに反する意見を表明することは難しいものです。とはいえ，少数派の意見をじっくり聴いて，全員が合意できるようなあり方を検討しようと提案し，多数派の意見を変えていこうというアプローチもあります（➡ 第10章）。例えば映画『12人の怒れる男』（シドニー・ルメット監督，1957年，アメリ

4　社会の分断と統合　**99**

カ）には，少数者が一貫した意見を主張していくことで皆の意見が少しずつ変わっていく様子が明快に描かれています。この映画はアメリカの陪審員制度を題材に，容疑者の少年を有罪だとする11人に対して，1人だけ無罪を主張し，根拠を挙げながら丁寧に議論を進めることで徐々に無罪を主張する陪審員が増えていくというストーリーです。これは少数派影響の成功例の逸話として取り上げられることがあります。しかし，現実に目を向ければ，1人だけ違うことを主張することの難しさも感じられます。

　少数派の主張が多数派の意見を変えていくことが困難なことを示した研究として，ノエル−ノイマンの**沈黙の螺旋理論**（spiral of silence；Noelle-Neumann, 1993）が挙げられます。これは，世論の形成において，自分の意見が優勢であればそれを発言しやすく，実際の意見分布以上にその意見が優勢であると認知されやすくなります。一方，自分の意見が少数派で劣勢あれば，その意見を主張することなく「沈黙」することを強いられ，実際の意見分布よりも劣勢であると認知されやすくなります。この考え方は，ある一定数以上の人々が協力行動をとれば，さらに協力行動をとる人々の割合が増えていくのに対して，協力者が一定数を下回るとさらに協力しなくなるという限界質量の法則（➡第8章）とも共通する点があります。

　自分の意見や行動が少数派であるからといって，意見の発信や協力行動をやめてしまえば，問題解決からますます遠ざかってしまうということが，以上のような研究からも理解できます。社会的葛藤における価値観の対立において，自分がどの立場におかれているかという現状を理解し，相手の視点から状況を捉える工夫をすることは，葛藤解決に向けた相互理解の助けになるでしょう。

**100**　第4章　葛藤はなぜ起こる？

# Summary まとめ

　本章では個人と個人，個人と集団，集団と集団との間に生じる葛藤を，古典的モデルの理解を起点として，葛藤が生じる条件と解決のプロセスについて考えてきました。集団は単独で存在するよりも，他の集団の存在やそれを意識することで集団としてのまとまりが強まり，内集団をひいきしたり，外集団に対して敵対したりするようになります。

　葛藤関係にある個人間や集団間での利害の調整や協力関係を構築しようとする際には，ゲーム理論は問題を記述し，理解するための枠組みとして活用できます。囚人のジレンマの例では，2者間で相互に協力できれば双方の利益につながりますが，自分だけ利益を高めようと双方が考えれば両者とも利益が失われます。この考え方は社会的ジレンマという個人と社会との間で生じる関係の理解にそのまま活用できます。また，自分1人くらいは協力しなくても大丈夫と考えがちですが，そうしたことが社会全体の利益を損なうことにつながり，他者から不公正なふるまいをしていると見なされるようになります。

　このように考えてみると，この世の中は葛藤が生じる条件がさまざまな場面でそろっているようです。しかし，葛藤の原因を特定し，解決するための方針は，社会心理学の知見から見つけられそうです。

## *Report assignment* レポート課題

　身の回りや社会で生じている対人関係・集団間関係のうち，葛藤が生じている事例を思い浮かべてください。どのような葛藤があるのか，そこに登場する人々の相互の関係を本章の**図4-1**，4-2を参考に，実際に図を描いて考えてみてください。さらに，その解決策について提案してみてください。

### *Book guide* 読書案内

岩谷舟真・正木郁太郎・村本由紀子『多元的無知──不人気な規範の維持メカニズム』東京大学出版会，2023 年

大渕憲一『紛争と葛藤の心理学──人はなぜ争い，どう和解するのか』サイエンス社，2015 年

シェリング，T. C.／河野勝監訳『紛争の戦略──ゲーム理論のエッセンス』勁草書房，2008 年

# 第 II 部 社会のなかの個を生きる

## Chapter

5 　自分を知り，自分を動かす
6 　わたしの世界とあなたが見ている世界
7 　ぶつかりあうのは恐い？

# 自分を知り、自分を動かす

社会と切り離せない自己のはたらき

第 **5** 章 Chapter

## Quiz クイズ

日本人の成人（20〜69歳）549名に調査を実施し、「もっと自制心があればよいのにと思う」という項目が自分自身にあてはまるかどうかについて、「1. 全くあてはまらない」から「5. とてもあてはまる」のなかから1つ選択して回答してもらいました（尾崎ほか、2016）。このとき、「4」と「5」を選択した人を合わせると、回答者全体の約何割になったでしょうか。

**a.** 3割　**b.** 5割　**c.** 7割

## Chapter structure 本章の構成

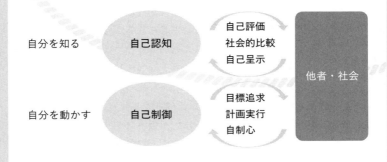

## Answer クイズの答え

**b.**

回答者のうちおよそ半数が「もっと自制心があればよいのに」と思っていることがわかりました。自分をコントロールすることは大切だと知ってはいるものの，なかなか思うとおりにならないと多くの人が感じているようです。

## Introduction 導入

　本章のテーマは，**自己**（self）です。1節で取り上げる自己認知とは，自分自身について「知る」という心のはたらきを指します。自分とはどのような人物なのか──すなわち，どんな外見や性格の特徴があって，何が好き・嫌いで，どんな過去や未来があるのか等々──について，わたしたちは豊富な知識をもっています。さらに，自分自身について評価することもあります。外見はイマイチかもしれない，でも粘り強さならピカイチだ，などというように，自分のもつさまざまな特徴について，どのくらい劣っているとか優れているとかの評価を下すことがあるでしょう。

　これらのように，自分について知識をもつ，あるいは自分について評価するといった心のはたらきは，あたかも「自分のこと」だけに収まっており，他者は関係ないように感じられるかもしれません。しかし，こうした自己認知のプロセスにおいて，じつは他者の存在が重要な役割を果たしています。とくに，身近な他者と自分を比べてみることを通じて，わたしたちは自分のことを評価し，理解します。こうした社会的比較のはたらきについては，2節で説明します。

　また，意図的に自分自身のふるまいを相手に「見せる」ことによって，相手に特定の印象を与えようとすることがあります。これを自己呈示といいます（3節）。自己呈示をすることは，相手が自分に対し

**106**　第5章　自分を知り，自分を動かす

て抱く印象に影響を及ぼすばかりではなく，自分自身に対する認識も
それに合わせて変化することがあります。

さらに，自己に関わる心のはたらきには，自分のことを知るばかり
ではなく，自分を「動かす」という能動的な側面もあります。自らの
行動・思考・感情を制御するはたらきを，自己制御と呼びます（**4**
**節**）。この自己制御のプロセスにおいても，他者の存在や，社会との
関わりあいが大きな影響力をもちます。他者からの期待や，社会的な
規範・ルールが，わたしたちのふるまいをよい方向に導いてくれるこ
とがあります。しかし，わたしたちが「○○したい！」と感じること
と，社会や他者（もしくは自分自身）からの期待として「□□しなけ
ればならない」と思うことが食い違ってしまうとき，そこにジレンマ
（葛藤）が生じます。こうした葛藤に対処するための自制心のはたら
きを，セルフコントロールと呼びます。

では，どうすればわたしたちは自らの行動を変え，目標を目指すこ
とができるのでしょうか。最後の **5 節**では，目標達成のための行動
計画を立て，効果的に実行していくための WOOP という方法につい
て解説します。

---

# 1 自分を知る，わたしらしくふるまう
自 己 認 知

### ▷ 自らについて知る：自己知識

「わたしとは，どんな人間なのだろう？　どんな特徴があって，
何ができるのだろう？」こうした，いわば「自分探し」のような問
いを自分自身に投げかけたことはありませんか。常に意識している
わけではないと思いますが，だれしも，このような問いについて思
い悩むことが人生のなかで一度や二度はあるのではないかと思いま
す。

わたしたち人間にとって，「自らを知る」というのは重要なこと

1　自分を知る，わたしらしくふるまう　　**107**

です。自分自身と周囲の環境の関係性について理解し知識を得るという過程は，心理学において自己認知と呼ばれ，人間の基礎的な心のはたらきの1つとして位置づけられています。自らについて理解した内容は，**自己知識**（self-knowledge）と呼ばれます。自己知識は記憶システム内に豊富な情報として保存されており，さまざまな環境内で判断や行動を実行するときにこれらの情報が利用されます。

　では，人間が自らについて知るための，つまり自己知識を得るための情報源は，いったいどこにあるのでしょうか。自己に関する情報の獲得ルートは，大きく分けて2つあります。1つめのルートは，自分で自分のふるまいを観察するというものです。わたしたちは他者の行動を観察して，その人がどのような態度をもっているか，何を感じているかを推測することがあります（➡**第2章**）。それと同様に，自分自身の行動を観察することを通じて，自らの態度や内的状態を知るという心理過程があるとベム（Bem, 1967）は主張し，**自己知覚理論**（self-perception theory）としてまとめました。例えば，大学の教室の前方に座って，教授の話を集中して聞いている学生は，そうした自分のふるまい方を観察することによって「自分はこの講義テーマに関心があるのだ」という確信を深めることでしょう。一方で，遅れて入ってきたために教室のかなり後ろのほうの席に座ることになり，教授の声が聞こえにくくて気が散ってしまった学生は，そうした自分の注意散漫さに気づいて「自分はこの講義に関心がないのだ」と思うかもしれません。

　2つめの情報獲得ルートは，周りの他者による自分に対する認知です。つまり，相手が自分をどのように見ているかを知ることを通じて，自分が社会環境のなかでどのような存在であるかについて知識を得るということです。例えば，熱心に質問をしにくる学生に対して，教授が「勤勉な学生だ」という印象を抱くと，その影響を受

けて学生自身も自らについて「勤勉」と認識しやすくなります。逆に，しょっちゅう遅刻してきて授業もほとんど聞いていないように見える学生について，教授が「いつも怠けている」と考えた場合，それを感じ取った学生も自分自身を「怠け者だ」と認識するかもしれません。つまり，他者が自分の姿を映す「鏡」のようなはたらきをするため，このような他者の目を通じて自らを知る過程は**鏡映的自己**（looking-glass self；Cooley, 1902）と名付けられています。

### ▷ 抽象化された"わたしらしさ"：自己概念

　自らのふるまいを観察したり，他者の目を通じて自らを知ったりする過程を通じて集められた膨大な量の自己知識は，より抽象化および集約されて**自己概念**（self-concept）として記憶システム内に保存されます。自己概念の内容には，外的な容姿・身体的特徴に関することや，内的な特徴としての性格・能力・態度・価値観など，また過去の経歴や未来の可能性に関わることまで，多様な情報が含まれています。これらの情報は認知過程において利用され，日常的な判断やふるまいに影響を及ぼします。

　これらの幅広い自己概念は，そのすべてが常に意識されているわけではなく，また情報としていつでも使われるというわけではありません。状況に応じて，それらの情報の一部が活性化され，使われやすくなります。活性化している自己概念のことを，**作動的自己概念**（working self-concept；Markus & Wurf, 1987）といいます。作動的自己概念として活性化している情報がどのような内容なのかに応じて，わたしたちが自分自身に対して抱くイメージや，考え方・ふるまい方が変化することがあります。

1　自分を知る，わたしらしくふるまう　**109**

**図 5-1** 記憶システムにおける自己―重要他者の概念間のリンク

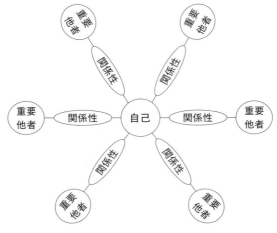

(出所) Andersen & Chen, 2002 をもとに作成。

### 自己概念に他者が与える影響

どのような自己概念が活性化するかに大きく影響を与える社会的要因の1つが，重要他者です。重要他者とは，自分にとって意味のある重要な存在として位置づけられる他者のことを指します。例えば，家族・配偶者・恋人といった親密な存在や，仲のよい友人や尊敬する相手，もしくは自分に大きな影響力を及ぼしうる人物などです。こうした重要他者のうち，だれが目の前にいるか，あるいはだれのことを思い浮かべているかに応じて，作動的自己概念の内容が変化し，それに伴って行動や思考の内容も影響を受けます。**図 5-1** は，記憶システムにおいて自己と重要他者の概念が関係性によってリンクされている様子を表したものです (Andersen & Chen, 2002)。図中で「重要他者」と記された円がそれぞれ異なる他者を表しており，その人と接したり，思い浮かべたりするたびに，相手

との関係性や，それに対応する自己概念の一部が活性化するということを意味しています。

例えば，あなたが母親と一緒にいるときには，これまでの母子関係のなかで培われ記憶システムに保存されてきた自己概念や関係性についての知識が活性化しますので，母親の目に映ったあなたのイメージに合致するような言動をしやすくなるでしょう。一方で，仲のよい友人を目の前にしたときには，相手があなたに期待することに影響されて作動的自己概念の内容が変化し，話し方やふるまい方も同年代の友人とのつきあい方に適したものに切り替わっていることでしょう。

こうした作動的自己概念の内容変化とそれに伴う行動変容は，多くの場合，本人の意識や意図とは関係なく，気づかぬうちに生じます。ですから，わざとふるまいを変えているとか，自分を意図的に「つくっている」というわけではないのです。複雑な社会的関係性のなかで，その状況や自らの役割に適したふるまいをスムーズに実行し，相手と円滑に相互作用するための機能であると考えられています。

## 2 他者とわたしを比べてみる

▷ **社会的比較**

自らのもつ特徴について，それが優れている，もしくは劣っているといった評価をすることを，**自己評価**（self-evaluation）といいます。ただし，自己評価は判断の基準をどのように設定するかによって大きく左右されるため，必ずしも常に安定しているわけではありません。さらに，さまざまな動機づけの影響も受けます。最も顕著

なものとしては，自分自身について肯定的・楽観的に捉えたいという自己高揚動機の影響によって，実際以上に自分のことを優れていると評価する場合があります。

　自己評価をするときに，人はしばしば，自分と身近な他者を比べてみます。例えば，自分の身長が高いか低いかを判断するときには，おそらく周りの人たちの身長を基準にして考えることでしょう。何らかの特徴について，他者との比較を通じて自己評価することを，**社会的比較**（social comparison）といいます。自分よりも劣った他者と比較することは「下方比較」と呼ばれ，たいていの場合，自己評価を押し上げる（より肯定的にする）効果があります。一方，自分よりも優れた他者と比較することは，「上方比較」といいます。

### 自己評価維持モデル

　ただし，上方比較をしたからといって，必ずしも自己評価が下がる（より否定的になる）とは限りません。こうした他者との関係性において自己評価を高く維持するための心理メカニズムについて，テッサー（Tesser, 1988）は**自己評価維持モデル**（self-evaluation maintenance model）にまとめました。自己評価維持モデルでは，比較過程と反映過程という2つの異なる影響過程が想定されています。前者の比較過程では，他者と自分を比較して，対比的な効果がもたらされます。すなわち，他者の優れたパフォーマンスを知覚すると，自分のほうが劣っているように感じられ，自己評価が低くなります。逆に，他者の劣ったパフォーマンスを知覚すると，自分のほうが優れているように思えて自己評価が高くなります。とくに，このときに比較対象となる他者が自分と心理的に近い間柄であり（つまり，近接性が高い），そしてパフォーマンスが自分にとって重要な領域である（つまり，関与度が高い）場合に，比較過程が生じやすくなります。

112　第5章　自分を知り，自分を動かす

例として，あなたが重要だと思い，ずっとがんばって準備してきた英語のスピーチ・コンテストにおいて，あなたは残念ながら受賞を逃したのに，親友が最優秀賞に輝いたという場面を想像してみてください。おそらく，親友と自分を比較して「自分はダメだ」とがっかりすることでしょう。もしかすると，自己評価が下がるという心理的苦痛を和らげるために，親友との近接性を低める，つまり，少し相手との距離をおきたくなるかもしれません。あるいは，「じつはそんなに重要ではなかった」と関与度の認知を変容させる可能性もあります。

一方，後者の反映過程の場合は，他者の優れたパフォーマンスが自分自身に「反映」されて，それに伴い自己評価が高められます。反映過程は，対象他者が自分と心理的に近い間柄であり（つまり，近接性が高い），そしてパフォーマンスが自分にとって重要ではない領域である（つまり，関与度が低い）場合に生じやすくなります。例えば，あなたの高校時代のクラスメートが球団と契約してプロ野球選手となったとしたら，（もし野球に関心がなかったとしても）誇らしく感じることでしょう。高校生の頃はそのクラスメートとさほど親しくしていなかったのに，急に連絡をとってみるなどして近接性を高め，さらに大きく「反映」させて自己評価を高めようとするかもしれません。

自分について知識をもつ，あるいは自分について評価するといった心のはたらきには，一見，他者は関係ないように感じられるかもしれません。しかし，ここまで説明してきたように，これらの自己認知のプロセスにおいて，じつは他者の存在や，他者と自分の関係性が，大きな影響を与えていることがわかります。

2 他者とわたしを比べてみる　　**113**

# 3 他者に見せるわたし
自己呈示

## 自己呈示とその種類

人は，意図的に自分自身のふるまいを相手に「見せる」ことによって，相手に特定の印象を与えようとすることがあります。これを**自己呈示**（self-presentation）といいます。

自己呈示は，いつわりの自分の姿を見せるということだけではありません。自分のさまざまな側面のうち，欠点は見えないように隠して，望ましい長所のみを見せるといったことも，自己呈示に含まれます。こうしたものも含めて，他者に与える印象を何らかの方法で操作することは戦略的自己呈示と呼ばれ，以下の5種類に分類されています（Jones & Pittman, 1982）。①取り入りは，相手から好ましい印象を得ようとするために，相手に好意を伝えたり，自分と相手の似ている点を強調したりします。自分の外見を魅力的にする，相手に対して謙遜するなどもここに含まれます。②自己宣伝は，他者が自分のことを尊敬するように，自分の能力や業績を誇示することです。③示範は，自分はすばらしい人格と道徳心をもった善良な人間なのだということを相手に納得させようとすることです。④威嚇は，自分は相手に危害を与えうる力をもっていると思い込ませて恐怖を植えつけ，他者を従わせようとすることです。⑤哀願は，他者からの助けや利益を得るために，自分があわれな存在で支援すべきだと相手に思わせようとすることです。

## 自己呈示の内在化

自己呈示をすることは，相手が自分に対して抱く印象に影響を及

ぼすばかりではなく，自分自身に対する認識のしかたにまで影響することがあります。つまり，自分が他者に向けてどのような言動をして見せたかという自己呈示の内容に対応して，自分があたかもそのような性格や信念をもつ人物であるかのように思うようになります。

　例えば，タイスが行った研究（Tice, 1992）では，実験参加者にインタビューを受けてもらいました。このとき，半数の参加者（外向的呈示条件）には事前に「外向的にふるまってください」と自己呈示のしかたを指示しました。一方，残り半数の参加者（内向的呈示条件）には「内向的にふるまってください」と指示しました。このインタビューの後，参加者は自分の性格についてどのくらい外向的であるかを回答しました。結果として，外向的呈示条件の参加者のほうが，内向的呈示条件の参加者よりも自分のことをより外向的な性格だと評定したのです。ただし，この結果パターンは，インタビューにおいて参加者自身の名前や所属学部などを明らかにした公的な状況で，第三者から観察されていた場合のみに見られました。匿名かつだれからも見られていないというプライベートな状況であった場合には，インタビューにおけるふるまい方の違いが自身の性格評定に影響を与えることはありませんでした。これらの結果から，特定のふるまい方をすることだけが自己呈示の内在化を引き起こすのではないということがわかります。すなわち，自身のふるまいについて他者から見られているという状況が，自己呈示の内在化を生み，作動的自己概念の内容を変化させるための条件であると解釈できます。

3　他者に見せるわたし　**115**

# 4 自分を動かす
自己制御

### 目標を目指す心のはたらき

自己に関わる心のはたらきには，自分を「動かす」という能動的な側面もあります。目標の達成に向けて，自らの行動・思考・感情を制御するはたらきのことを，**自己制御**（self-regulation）と呼びます。

心理学でいうところの**目標**（goal）とは，行動・思考・感情などを方向づける基準となるものを指します。例えば，「もっと人間の心のはたらきについて知りたい」という目標は，心理学を勉強するという行動を促すことでしょう。「友だちに嫌われたくない」という目標は，あまり参加したくない飲み会の誘いに「わかった，行けたら行くね」と笑顔で答えつつ，心の中で後ろめたい気分を味わうという反応をもたらすかもしれません。目標の内容には幅広いものが含まれます。義務や責任を果たすこと（例：「困っている人を助けるべきだ」）や，回避したいこと（例：「宿題をやりたくない」），社会的要請やルールを守ること（例：「赤信号のときは止まる」），単純な行為遂行（例：「靴下を履く」），基本的欲求の充足（例：「食べる」「寝る」）といったものまで，さまざまな目標がわたしたちの日々の行動や思考・感情を方向づけています。

目標が設定されると，その目標とされる状態を目指そうという**動機づけ**（motivation）が生じます。動機づけとは，目標の達成に向けて行動を始発させ，それを維持する心のはたらきのことを指します。動機づけは，人間の内部から生まれる生理的欲求が**動因**（drive）となって生じることもあれば，外部の環境にある何らかの要因が**誘因**

（incentive）となって生じることもあります。日常生活のなかでは，たくさんの動因や誘因が複雑に影響しあいながら，さまざまな動機づけを強めたり弱めたりしています。

　ある目標を達成する手段は，1つとは限りません。多くの場合，手段はたくさんありうるものです。ただし，環境や状況によって制約を受けるため，実際に使える手段は限られることになります。例えば，建物の中で下の階に移動したいと思ったときに，エレベーターがあるか，それとも階段しかないのかといった要因に応じて，とりうる行動の選択肢は制約を受けます。さらに，地震や火事といった非常事態が生じたという状況要因が加わったならば，それらも手段選択に影響しますし，実際にとる行動も異なったものになるでしょう。

　目標とそれを達成するための手段との関係性は，記憶システムのなかに貯蔵されています。ある人がおかれた状況やそのときの動機といったさまざまな要因の影響を受けて，記憶された目標─手段の情報が活性化され，目標達成行動として実行に移されます。そして，状況や動機が時々刻々と移り変わるのに応じて，目標や手段も変化していきます。こうした流動的な自己制御のしくみを表したのが**図5-2** です。

　このように目標や達成手段の情報へのアクセスがダイナミックに変動することによって，人間は周囲環境の変化にスムーズに対応しつつ，目標遂行に向けて思考や行動を制御することが可能になります。これを利用して，環境を整えることによって人々が自然に適切な行動を選択できるようにする取り組みは，**ナッジ**（nudge）と呼ばれ，近年注目を集めています（➡第8章）。

　わたしたちの自己制御プロセスに影響を与える環境要因の1つとして重要な役割を果たしているのが，他者です。ある目標の達成

**図 5-2** 目標システムの構造的ダイナミズム

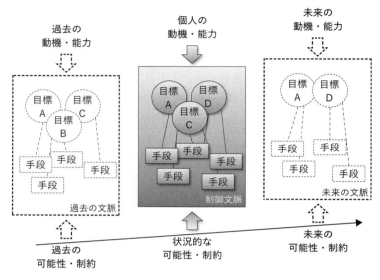

(出所) Shah & Kruglanski, 2008 をもとに作成。

を目指しているときに，助けてくれる仲間がいるのか，あるいは妨害する敵がいるのかに応じて，判断や行動のしかたは大きく異なることでしょう。他者との協力や葛藤については，本書の第 3, 4, 8, 9 章等でも詳しく説明されています。

▷ **他者の目標追求に影響される：目標伝染**

さらには，他者の目標追求行動を目にするだけでも，見ている側の目標設定や行動遂行に影響が及ぼされ，同じような目標追求行動が促されることがあります。こうした現象を**目標伝染**（goal contagion）といいます。例えば，アーツらの実験（Aarts et al., 2004）では，「ある学生が長期休みにアルバイトをする」といった登場人物がお金を

**118** 第 5 章 自分を知り，自分を動かす

稼ぐことを示唆する短い文を読んだ人は,「ある学生が長期休みにボランティアをする」というお金稼ぎとは関係のない文を読んだ人と比べて,その後,追加の謝礼金が支払われる単純作業課題により素早く取り組んだという結果が得られました。この結果は,お金稼ぎを目指しているという他者の目標追求行動を知覚した実験参加者は,自分自身がおかれた状況のなかで同様の目標を目指した行動,つまり課題への取り組みをがんばって謝礼金をもらおうとする行動をとりやすくなったと解釈できます。興味深いことに,この実験の参加者は,他者の行動を表した短い文を読むことが自分の行動に影響を及ぼす可能性があったことに,だれ1人として気づいていませんでした。したがって,この目標伝染という現象は,当事者がそのように意図していなかったとしても,非意識的に生じうるということがわかります。

　ここまで見てきたように,自己制御のプロセスにおいても,他者の存在や,人々との関わりあいが大きな影響をもたらします。目標達成を目指す「自己」制御といっても,必ずしも1人の人間の内部だけで完結するプロセスではありません。外部環境,とくに他者との関係性において相互に影響を及ぼしあいながら,個人それぞれが思考し行動するというのが,社会のなかで生きていくわたしたちのありかたなのです。

▷ **セルフコントロールの大切さ：自制心を働かせる**

　わたしたち人間が社会生活を送るなかで,自分が「○○したい！」と望むことと,社会や他者からの（もしくは自分自身による）期待や責任として「□□しなければならない」と思うことが食い違ってしまうという状況は,よくあることです。こうしたジレンマ

4　自分を動かす　**119**

（葛藤）状況に対処するための自制心のはたらきを，セルフコントロールと呼びます。

　セルフコントロールは，わたしたちが社会生活を送る上で重要です。もし，自分がしたいと思うことをやりたい放題，やりたくないことにはいっさい手をつけないといったように，自制心の欠如したふるまいをする人がいたら，どうなるでしょうか。おそらく，他者と安定した関係性を築くことは困難でしょうし，社会的な信頼や協力を得ることは望めないでしょう。人間が社会の一員として暮らしていくために，セルフコントロールは重要な心のはたらきだといえます。

　しかしながら，わたしたちの自制心はいつも完璧に機能するとは限りません。うっかりすると，いけないとわかっていたのにやってしまった……とか，やらなきゃと思っていたのにできなかった……といった自制の失敗が，日常生活のなかで生じてしまうことがあります。つまり，わたしたちは「思うとおりにならない自分」と日々つきあっていかねばならず，そこから「息苦しさ」を感じることもあるでしょう。本章の冒頭の Quiz において紹介したように，日本人成人を対象にした調査において，「もっと自制心があればよいのにと思う」という項目が自分にあてはまると回答した人が，回答者全体の半数近くにのぼりました（尾崎ほか，2016）。この結果は，セルフコントロールをもっとできるようになりたいと願いつつ，現実にはできていないというギャップを感じている人々が多いということを表しています。

　食べすぎたり，だらけてしまったり，衝動買いをしてしまったり……といったセルフコントロールの失敗は，その1つひとつを取り上げてみると大したことではないように思えるかもしれませんが，長期的に繰り返しているうちに大きなデメリットをもたらす可能性

**コラム5　なぜ自制できないのか**　ミシェルら（Mischel et al., 1989）は，満足遅延課題（delay-of-gratification task）と呼ばれる手続きを使って，子どもたちのセルフコントロールやそのしくみについて研究を行いました。この課題では，4歳ほどの未就学児に好きなお菓子（マシュマロなど）を1つ見せて「もし食べずに待っていられたらこのお菓子を2つあげる」と約束した上で，実験室の中に1人でその子どもを残して大人は立ち去ります。そして，大好きなお菓子を目の前にして，食べたいという衝動と，食べずにがまんして2つめのお菓子をもらいたいという気持ちの間で揺れ動く子どもの様子を観察します。こうした実験を繰り返した結果を総合的に考察して，セルフコントロールを実行するときの心のしくみについて，ホットシステムとクールシステムの相互影響関係から解釈しました（Metcalfe & Mischel, 1999）。ホットシステムは，身の回りの状況の知覚に応じて，快楽や恐れなどの情動を生じさせ，素早く衝動的な行動を引き起こします。クールシステムは，熟慮的に思考し，計画的に行動することを可能にします。これら2つのシステムは互いに影響を及ぼしあい，一方のはたらきが強まったときには，もう一方が抑制されます。したがって，客観的な捉え方や抽象的思考をすることでクールシステムを働かせると，ホットシステムによる衝動的な反応が抑えられ，自制に成功しやすくなります。一方，感覚や情動をかきたてるような刺激に接すると，ホットシステムのほうがより強く働いて，衝動的な反応を抑え難くなるため，セルフコントロールの失敗が起きやすくなります。

　子どもは成長に伴い，セルフコントロールに関連する脳機能を発達させ，またクールシステムを働かせるための方略を学習することで，自制心を身につけていきます。しかしながら，大人になっても（幼少期よりも比較的稀ですが）さまざまな状況要因の影響によってホットシステムが強く働くことがあり，情動的・衝動的なふるまいを抑えられないということが生じます。ですから，自制の失敗はだれにでも起きうることですし，なかなか思うように自分の行動・思考・感情をコントロールできないことがあるのです。

4　自分を動かす　**121**

があります。例えば，お酒やたばこの過剰摂取や不健康な食習慣がさまざまな病気をもたらしたり，後回しや三日坊主ばかり繰り返していると成績不振や仕事上の不都合が発生したり，衝動的な消費をしすぎると貯金が底をついてしまったりします。これは個人の問題ばかりではなく，社会的にも損失をもたらします。世界中の多くの国々において，生活習慣病に対処するための医療費が国家予算を圧迫したり，計画的な資産形成をできなかった人々の老後の生活資金が底をついてしまったりといった社会問題が発生しています。

## 5 自らの行動を変え，目標を目指す
### WOOP

　では，どうすればよりよく自分のふるまいをコントロールして，目指したい目標に着実に近づくことができるでしょうか。さまざまな方法がありますが，ここではドイツの心理学者エッティンゲンの提案する，困難を乗り越えて目標達成を支援するための心理ツール，WOOPを紹介します（Oettingen, 2015）。

　WOOPのテクニックでは，目標の設定から達成までの過程を「Wish（願い）」「Outcome（結果）」「Obstacle（障害）」「Plan（計画）」の4つのステップで構成します。これらの頭文字をとったのがWOOPです。各ステップについて，以下で説明しましょう。

### ① Wish（願い）

　はじめに，達成したい目標を定めます。ここでポイントとなるのは「簡単に達成できるものではないが，がんばることで手の届くもの」という適切な難易度の目標を設定することです。

## ② Outcome（結果）

目標を設定したら，それが達成できたときにどんなにすばらしい結果が得られるのかをできる限り鮮やかに想像して，文章化してみましょう。目標を達成することでどのような自分を実現できるのかを具体的にイメージして，そのときの喜びの気持ちや達成感をありありと思い描きます。

## ③ Obstacle（障害）

設定した目標と，いま現在の自分の現状との間にどのようなギャップがあるのかを考え，何が障害となって達成できていないのかを考えます。これまで目標達成を阻んできた，あなたの考え方やふるまい方の悪いくせ，根拠のない思い込み，否定的な感情などについてしっかり見据えて，どんなときに問題が発生しがちなのかを把握しましょう。

## ④ Plan（計画）

③のステップで想定した「障害となる問題状況」が発生したときに，どのような行動や考え方をすれば問題を回避・対処できるかを計画します。このときに，if-then 計画を活用しましょう。if-then 計画とは，「もし，○○な状態になったら，□□する」というプランを作成しておき，問題状況が発生したら対処行動を即座に実行できるよう準備しておくという方法です。あらかじめ行動が明確化されているため，いざというときに迷わずすぐに実行しやすくなります。こうした if-then 計画を実行していくことで，もし困難や誘惑にであうことがあっても適切に行動をコントロールしながら，着実に目標に近づいていくことができます。

**図 5-3** WOOP の作成のテンプレート（上）と作成例（下）

---

①願い（Wish）


②結果（Outcome）


③障害（Obstacle）


④計画（Plan）

　もし　　　　　　　　　　　なら　　　　　　　　　　　する

---

①願い（Wish）
　　語学の検定試験に合格したい！

②結果（Outcome）
　　外資系の会社に就職して，国際的に活躍する！

③障害（Obstacle）
　　忙しくてなかなか勉強の時間をつくれない。

④計画（Plan）

　もし　電車に乗った　なら　すぐにテキストを開いて勉強　する

---

　WOOP は一度行って終わりではなく，何度も繰り返しながらブラッシュアップしていくことが大切です。目標に向かって実際に行動を実行していくなかで，想定外の障害や結果が見つかるといった，新たな発見や気づきを得られます。それらの気づきを WOOP に取り込んでいくことで，さらに目標を実現しやすくなります。

**124**　第 5 章　自分を知り，自分を動かす

# Summary まとめ

　本章では，自己というテーマを取り上げました。わたしたちは自分について知り（自己認知），豊富な自己知識として記憶システム内に蓄えています。自分自身について評価することもあります。このような自己に関する心理プロセスにおいて，他者の存在は大きな影響をもたらします。他者と比べることで，わたしたちは自分のことを評価し，理解します（社会的比較）。自分自身のふるまいを相手に「見せる」ことによって，相手に何らかの印象を与えたり，さらには自分自身に対する認識もそれに合わせて変化したりすることがあります。

　さらに，自己に関わる心のはたらきのなかには，目標に向けて自らの行動・思考・感情を制御するという機能があり，自己制御と呼ばれています。わたしたちのなかで生じる欲求や衝動が，社会や他者から寄せられる期待や責任と相容れない場合，葛藤が生じます。こうした葛藤状況に対処するための自制心のはたらきを，セルフコントロールと呼びます。社会生活を送るために，自制心を発揮し，目標達成に向けて自らのふるまいを制御することは重要です。WOOP などの心理テクニックは，困難や誘惑に負けず，目標に向かって努力を続けることをサポートしてくれます。

　わたしたちが自らを理解し，それぞれの目標を目指しながら，他者と協力しあい，信頼で結ばれた社会をつくっていくために，「自己」とその機能は大切な役割を果たしているのです。

*※※ Report assignment　レポート課題* //////////////////////////////

　WOOP に取り組んでみましょう。あなたが達成したい目標について，「Wish（願い）」「Outcome（結果）」「Obstacle（障害）」「Plan（計画）」の順番で，よく考え，書き進めてください。できあがった計画を，日々の生活のなかで実行してみましょう。実行することで気づいたことや新たな発見についても，メモとして書きとめておくとよいでしょう。取り組みを始めてから1～2週間後に振り返ってみて，あなた自身の自己制御やセルフ

コントロールについて，どのようなことに気づいたか，今後どのように改善していきたいと思うかを述べてください。

*///* **Book guide** 読書案内 *///*

安藤清志『見せる自分／見せない自分──自己呈示の社会心理学』（セレクション社会心理学 1）サイエンス社，1994 年

エッティンゲン，G.／大田直子訳『成功するにはポジティブ思考を捨てなさい──願望を実行計画に変える WOOP の法則』講談社，2015 年

# わたしの世界と あなたが見ている 世界

## 第6章 Chapter

社会的認知とバイアス

## Quiz クイズ

ある特定のガンを罹患する確率を 0.1% とします。このガンを発見するためのガン検査があって，罹患している人は 95% の確率で陽性と診断されます。一方，罹患していない人が陽性と誤診される確率は 2% です。もしあなたがこの検査を受けて「陽性」という結果が出たとき，あなたがこのガンに罹っている確率はどのくらいだと思いますか。

**a.** 約 5%　　**b.** 約 55%　　**c.** 約 95%

## Chapter structure 本章の構成

事前情報・文脈
信念・仮説
動機づけ
自己中心性

社会的状況
出来事

理解・知る

認知の歪み
（認知バイアス）
楽観視
計画錯誤

係留効果
ヒューリスティクス

# Answer クイズの答え

**a.**

仮に 10 万人がこのガン検査を受けたら，そのうち何名が陽性となるかを考えてみましょう。陽性という検査結果のなかには，「本当にガンに罹患している」という真の陽性もあれば，「ガンに罹患していないが誤診だった」という偽陽性もあります。罹患率は 0.1% であり，もし罹患していれば 95% が陽性と診断されるので，100000 × 0.001 × 0.95 = 95（人）が真の陽性です。ただし，罹患していない人のうち 2% が誤診で陽性となりますので，100000 × 0.999 × 0.02 = 1998（人）が偽陽性です。したがって，合計すると 95 + 1998 = 2093（人）が陽性の診断結果を受けます。しかし，このうち真の陽性，つまり実際にガンに罹患している確率は 95 ÷ 2093 = 0.045……つまり約 5% ということになります。


# Introduction 導入

　第 1 章で紹介したように，わたしたちの社会的認知のしくみは非常によくできており，その自動性のおかげでわたしたちは人々や社会のありかた，そこで起きているものごと等について，瞬時に，かつ，かなりの正確さで「知る」ことができます。こうした「知る」ための心のはたらきのうち，他者について知るしくみは第 2 章で，そして自己について知るしくみは第 5 章で取り上げています。本章では，社会的状況や出来事について知るしくみと，そのときに生じがちな認知の歪み（バイアス）に焦点を当てます。

　まず 1 節では，限られた情報を手がかりとしてものごとを理解するしくみについて説明します。続く 2 節では，人が自らの信念や仮説に基づいてものごとを理解するしくみを紹介します。1 人ひとりが異なる信念や仮説をもっているために，それぞれ違った結論に至るということがあります。さらに，自分の視点や動機づけに基づいて理解するというしくみもあります。その結果として，実際以上にものごとを

楽観視したり，リスクを低く見積もったりすることがしばしば起きます（3節）。

このように，ものごとの理解のしかたは，その背景となる文脈情報や，個人のもつ認知的枠組みや動機づけ等に大きく影響されます。そのため，皆が同じような方向性に歪むこともあれば，それぞれ異なった方向性の歪みが発生してすれ違いが生じてしまうという問題が発生することもあります。

# 1 限られた情報を手がかりとして理解する
ヒューリスティクス

## ▷ 事前情報が判断に影響する：係留効果

わたしたちは日常生活においてさまざまな判断を行います。これらの判断は，その背景となる文脈から独立して行われるのではなく，周囲の環境や前後の流れによる影響を受けます。例えば，コンビニでお弁当を買おうとするときに，「通常600円から値引きをして500円」だった場合と，「通常400円から値上げして500円」だった場合，どちらのほうが「安くて手ごろな値段」と感じるだろうと思いますか。どちらも同じ500円という価格にもかかわらず，おそらく，前者のほうが安いと感じるのではないでしょうか。つまり，事前に得ていた情報に影響されて，異なる判断が下されることがあるのです。

事前に得られた情報が影響を与えるという現象の代表格として，係留効果が挙げられます。**係留効果**（anchoring effect）とは，事前呈示された情報が係留点（アンカー）となり，その後の判断に影響を及ぼす現象のことです。係留効果を検証することを目的とした研究では，参加者に2種類の判断課題に連続して取り組ませるという

実験手続きがよく用いられます。初めの課題では，ある不確かな（つまり，参加者が正確な知識をもっていない）数量について，特定の値よりも大きいか小さいかを判断してもらいます。次の課題では，その数量を推測してもらいます。例えば，アメリカの大学生を対象とした実験では，「ミシシッピ川の全長」について判断させる課題が用いられました（Jacowitz & Kahneman, 1995）。第1の判断課題では，低アンカー条件の参加者には「70マイルより長いですか，短いですか」と尋ね，高アンカー条件の参加者には「2000マイルより長いですか，短いですか」と尋ねました。これに続く第2の判断課題では「全長は何マイルですか」と尋ねました。その結果，低アンカー条件と高アンカー条件の回答の中央値はそれぞれ300と1500となりました。つまり，事前に与えられた情報が影響を及ぼし，それに近い数値が推測されるという係留効果が示されたといえます。

### ▷ ヒューリスティクス

**ヒューリスティクス**（heuristics）とは，複雑な情報に対して素早く大まかな認知処理をする簡便方略のことを指します（Tversky & Kahneman, 1974）。わたしたちは複雑な環境のなかで膨大な量の情報に囲まれて生きているので，それらすべての情報を吟味してから正確に判断を下すということは到底できません。ですから，少ない情報を迅速に処理して答えを導き出すための手段として，ヒューリスティクスを用いるのです。ヒューリスティクスを用いた判断は必ずしもデタラメやいい加減なものではなく，多くの場合は正しい答えや適切な推論をもたらしてくれます。

ただし，判断に用いる情報がもともと偏っていたり，重要な情報を無視してしまったりすると，判断の歪み（バイアス）が生じてし

まうことがあります。例えば，本章冒頭の **Quiz** では，ガン罹患率がとても低い（0.1%）という情報を考慮に入れず，結果として罹患している確率を正解（約5%）よりもずいぶん大きく見積もってしまう人が頻出します。こうした現象は，ベースレート無視と呼ばれます。

　ヒューリスティクスにはさまざまな種類がありますが，ここではよく知られているものとして，係留と調整ヒューリスティクス，代表性ヒューリスティクス，利用可能性ヒューリスティクスの3種類を紹介します。

(1) **係留と調整ヒューリスティクス**

　係留と調整ヒューリスティクスでは，人は最初に与えられた値を係留点（アンカー）として設定し，そこから何らかの推論に基づいて調整を行った上で，最終的な判断を下すという認知過程が想定されています。ただし，この調整が不十分になることが多く，アンカーに近い数値を導いてしまうと想定されます。例えば，先に紹介したミシシッピ川の全長を推測する課題では，初めに与えられた70マイル／2000マイルというアンカーから「実際にはもっと長い／短いだろう」という推論に基づいて調整を行うが，調整が不十分であったために前者のほうが後者よりもずっと小さな数値を回答したと解釈できます。

(2) **代表性ヒューリスティクス**

　代表性ヒューリスティクスは，ある人物やものごとについて，特定のカテゴリにあてはまる可能性の高低を判断する際に用いられます。そのカテゴリらしさ（特徴）をもっているほど，すなわちそのカテゴリを代表するものとみなされるほどに，あてはまる可能性が高いと判断されやすくなります。ある実験では，「リンダは31歳の独身女性です。とても知的で，積極的に発言します。大学では哲

1　限られた情報を手がかりとして理解する　**131**

学を専攻しました。差別や社会問題に関心をもち，反核デモにも参加していました。さて，現在のリンダについてあてはまる可能性が高いのはAとBのどちらでしょう？　A：リンダは銀行の受付係である　B：リンダは銀行の受付係で，フェミニスト運動に参加している」といった質問をしたところ，8割を超える人がBを選びました（Tversky & Kahneman, 1983）。しかし論理的には，「銀行の受付係」という1つの条件を満たす確率は，「銀行の受付係」かつ「フェミニスト運動家」という2つの条件を両方満たす確率よりも大きいはずであり，したがってAが正解です。にもかかわらずBを選ぶ人が多かったのは，大学時代のリンダの特徴について「フェミニスト運動家らしい」とみなしたために，Bにあてはまる可能性を高く推測したのだろうと解釈できます。

(3) **利用可能性ヒューリスティクス**

利用可能性ヒューリスティクスは，あるものごとがどのくらいの頻度で発生しうるかを推測するときに用いられます。過去の具体的な事例をどのくらい容易に思い出すことができるかに応じて，頻度の推測が行われます。簡単に事例を思い浮かべることができる場合には「よくあることだ」，なかなか事例を思い浮かべられない場合には「めったにないことだ」という推論が導かれます（Tversky & Kahneman, 1973）。例えば，さまざまな原因によって人が死亡する確率がどのくらいあると思いますかと人々に質問すると，飛行機事故や殺人事件，サメの襲撃など，めったに発生しないもののメディアで大きく報道される事象について，それが原因で死亡する可能性を実際よりも高く推測する傾向があります。一方，交通事故や肺炎による死亡など，比較的ありふれた原因による死亡例はニュースで取り上げられにくいため，人々はそうした原因で死亡する可能性を実際よりも低く見積もりがちです。

**132**　第6章　わたしの世界とあなたが見ている世界

ここまで見てきたように，ヒューリスティクスを使って限られた情報をもとに推論すると，判断に歪み（バイアス）が生じてしまうことがあります。しかし，だからといってヒューリスティクスを使った推論や判断がまったく不適切で，非合理的なものであるとはいえません。先ほど述べたように，たいていの場合，ヒューリスティクスは正解（あるいは正解に近い答え）を導き出すことに役立ちます。とくに，人間が普段生活している環境のなかで，よくある状況やものごとについて判断する場合には，ほぼ問題なく適切な判断を下すことができます。ただし，事前に偏った情報が提供されていたり，さまざまな条件が複雑に組み合わさったりといった特殊な状況において，ヒューリスティクスは歪みや誤りのある推論や判断を導いてしまうことがあります。

## 2　信念や仮説に基づいて理解する
認知バイアス

　わたしたちがものごとを理解するための認知プロセスにおいても，推論や判断に歪みが生じることがあります。さまざまな種類がありますが，ここでは確証バイアスと正常性バイアスについて紹介します。

### ▷　確証バイアス

　自分がもっている先入観や，もともともっている仮説について「やはりそうだった」と確証するために，そうした先入観や仮説と合致する情報ばかりに注目し，合致しない情報を無視しやすい傾向のことを，**確証バイアス**（confirmation bias）といいます。

　この確証バイアスの日常的な例について考えてみましょう。ある

**コラム6　ウェイソンの4枚カード問題**　　確証バイアスの影響を示す古典的な実験手続きとして有名なのが,「ウェイソンの4枚カード問題」です (Wason, 1968)。**図6-1**を見てください。4枚のカードがあり,それぞれ片面にはアルファベット,もう片面には数字が1つずつ書かれています。もし「カードの片面が母音ならば,もう片面は偶数」というルールが成り立っているかどうかを確認したいならば,どのカードを裏返せばよいでしょうか。複数を裏返してもかまいませんが,必要最低限のカードを選んでください。

**図6-1**　ウェイソンの4枚カード問題

この4枚カード問題の正解は,「A（母音）のカードと7（奇数）のカードの2枚を裏返す」です。しかし,多くの人は「A（母音）のカード1枚だけ」を選びがちです。これは,検証したい仮説「母音の裏は偶数」が正しいことを確認しようとするのですが,仮説が誤っている可能性については確認を怠ってしまうためです。Kや4のカードの裏面に何が書いてあっても仮説の反証にはなりません。ただし,もし7のカードの裏面に母音のアルファベット（E, Iなど）が書かれていたならば,仮説が誤っていたということになります。そうではなく,7の裏にきちんと子音（T, Sなど）が書かれていることを確認するために,7のカードを裏返す必要があるのです。このように,自分のもっている仮説や思い込みと「一致しない」情報については注目しない傾向があり,なかなか気づくことができないのです。

大学生が「大企業に就職すれば一生安泰」と信じていたとします。そうすると，就職活動で先輩たちの経験談を聞く機会があったときに，大企業に勤めている人の話（それも成功談）ばかりを聞こうとして，中小企業に就職した人や，大企業に見切りをつけて転職した人の話には，あまり関心をもたないことでしょう。もしニュースで大企業が経営不振に陥って大規模なリストラをしたなどの報道があっても，「あれは例外，自分には関係ない」と考えて，軽視するかもしれません。

▷ **正常性バイアス**

危険が迫っている状況であるにもかかわらず，表面的には大きな変化が認められないために「日常のこと」と思い込んでしまうことを，**正常性バイアス**（normalcy bias）といいます。例えば，非常ベルが鳴っても「また訓練だろう」と思ったり，建物内で火災が発生したとアナウンスがあっても薄っすらと煙が見える程度なら「まだ逃げなくても大丈夫」と考えたりして，結果として逃げ遅れてしまうということがありえます。ゆっくりとわずかずつ変化する事象について気づきにくいという知覚のしくみや，他者のふるまいに同調（⇒第3章）をする傾向などが，正常性バイアスの生じる原因と考えられています。

この正常性バイアスによって，日常生活のなかで生じる不安や恐怖が軽減されて心の安定が保たれるというプラスの面がある一方で，地震や津波・火災などの非常事態で緊急の対応が必要なときに適切な行動をとりづらくなるという大きなマイナス面もあります。

2　信念や仮説に基づいて理解する　**135**

# 3 自分の視点から理解する
## 自己中心性と動機づけられた認知

　わたしたち人間が社会的状況や出来事について理解するプロセスは，たいてい，自らの目や耳を通して情報を取り入れるところから始まります。このとき，自分の視点から得られる情報がじつは偏っていることに気づかなかったり，自分と相手では見え方や解釈のしかたが違うという可能性を考慮できなかったりすることがあります。また，「こうであってほしい」という個人の動機づけに影響されることもよくあります。このように，自らの視点や動機づけに基づいて社会的状況を理解するというプロセスにおいて生じがちな認知の歪みとして，以下では，自己中心性バイアス，行為者―観察者バイアス，自己奉仕バイアス，楽観バイアス，計画錯誤を紹介します。

### ▷ 自己中心性バイアス

　人間にとって，他者の心の状態や考えを推測したり理解したりするのは，とても日常的かつ重要なことです（➡第9章）。ただし，発達心理学の研究によると，3歳程度までの子どもたちは，他者の視点に立って相手の考えていることや感じていることを理解するのは難しいのだそうです。つまり，幼い子どもたちは，他者の視点からは何が見えていてどう理解しているのかを適切に推測できず，そのかわりに自分の視点だけに基づいて相手の考えや気持ちを捉えてしまうことがあるのです。これを自己中心性といいます。

　子どもの年齢が上がるほどに自己中心性は減っていきますが，大人になってもその傾向は消滅するわけではなく，自分を基準に他者の心の状態を捉えてしまうという**自己中心性バイアス**（self-centered bias / egocentric bias）が生じる場合があります。自分と相手との間で意見の違いや対立が生じてトラブルになったものの，よく聴いてみると双方の視点や立場が違うだけだったことに気づくという経験は，だれにでも起きうることでしょう。

　「他者から自分はどのように見えているか」を推測する際にも，自己中心的な推論が生じることがよくあります。すなわち，わたしたちが自分自身について感じていることと同じように，他者も自分のことを見ているだろうと思い込みやすいのです。その代表例として知られているのが，**スポットライト効果**（spotlight effect）です。これは，目につきやすい（と自分で思う）行為や恰好をしているときに，周囲の他者が自分に注目していると（実際以上に）推測するという現象のことを指します。例えば，ギロヴィッチら（Gilovich et al., 2000）の実験では，ひと昔前の人気歌手の写真が大きくプリントされた T シャツを参加者に着てもらい，どれだけ周囲の人がその写真に気づくかを推測してもらいました。平均して 46% の人が気づいただろうと参加者は推測しましたが，実際に他者が気づいた割合は 23% でした。つまり，参加者本人が推測したほどには，他者は T シャツに注目していなかったということになります。この結果は，参加者が「こんなことをしたら目立ってしまう」と思うような行為をしたときに，そうした自分自身の感じ方と，周りの人からの見え方が（過剰に）似通っていると類推したのだと解釈できます。すなわち「自分と他者では見ている世界が違う」ということを理解するのが難しいのは子どもだけではなく，大人であってもきちんと考慮できない場合があるということを意味してます。

▷　**行為者―観察者バイアス**

　出来事が生じた理由（原因）を推測するときに，もし自分自身の

3　自分の視点から理解する　　**137**

行動について尋ねられたならば「そのときの状況が〜だったから」といった外的状況を原因として挙げやすいのですが，一方で他者の行動については「〜という性格の人だから」というように内的属性に帰属しやすいという傾向があります。例えば，「財布を持たずに家を出てしまった」という出来事の原因として，自分がその行為をした本人であるときには「電車に乗り遅れそうで急いでいたから」という外的状況のせいにしやすいのですが，他者のふるまいとして観察したときには「不注意でうっかりした性格なのだろう」などとその人の内的属性に原因があると思いがちです。

　このように，同じ出来事であっても，それを見るのが行為者の視点からなのか，それとも観察者の視点からなのかによって，原因推測のしかたが異なることを**行為者―観察者バイアス**（actor-observer bias）といいます（なお，他者の行動を内的属性に帰属しやすい傾向については，**第2章**においても「対応バイアス」として紹介しています）。

　行為者―観察者バイアスが生じる原因の1つとして，自分が行為者であるときに目に入りやすいのは主に周りの状況ですが，観察者であるときには行動している人に注目しやすいという視点の違いがあるということが挙げられます。つまり，立場によって「見えているもの」が違うことによって，同じ出来事であっても異なる原因に帰属することがありうるのです。

## ▷ 自己奉仕バイアス

　成功したときには自分自身の内的な要因によるものだと思い，失敗したときは自分のコントロールの及ばない外的な要因のせいだと考えやすくなるという認知の歪み（バイアス）もあります。例えば，試験で優れた成績をとったとき（成功）には「自分はこの科目が得意だから」とか「たくさん勉強したから」というように，自らの能

力や努力に原因があると考えることがあります。一方，悪い成績をとったとき（失敗）には「試験が難しかったから」とか「周りがうるさくて集中できなかったから」など，他者や状況のせいだと思うかもしれません。つまり，自分にとって都合のよいように（あるいは自分に都合が悪くならないように）成功や失敗の原因を帰属するというパターンであり，**自己奉仕バイアス**（self-serving bias）と呼ばれています（Miller & Ross, 1975）。

　なぜこのようなバイアスが生じるのかについては，①認知プロセスに起因する，②動機づけに影響されているという2種類の説明ができます。①の認知プロセスについては，人は一般的に失敗よりも成功することを意図・期待しているため，成功すれば期待どおりの結果として「自分がそう意図したから」と思いやすく，失敗したときには期待に反する結果として「自分のせいではない」と考えて外的要因に帰属するのだと説明できます。②の動機づけの影響については，自分自身を肯定的に捉えたい，あるいは他者からよい印象をもたれたいといった動機づけによって，成功すれば自分に有利になるように，そして失敗しても自分が不利にならないような原因帰属をするのだという説明ができます。ただし，欧米の人々は成功を内的要因に帰属する傾向をとくに強く示す一方で，日本をはじめとするアジアの国々では自己奉仕バイアスがあまり観察されないという報告があり，この傾向には文化差があるようです。

▷　楽観バイアス

　わたしたちは，とくに何の根拠もないのに，不幸な出来事に自分が遭遇する可能性は低いだろうと考えがちです。自分と同じような境遇や属性の他者（例えば同年代で同性の大学生）が災害・病気・犯罪被害などに見舞われることがあったとしても，自分にはまさかそ

3　自分の視点から理解する　**139**

んなことが起きるわけはないだろうと思ってしまうことがあります。このように，自分がネガティブな出来事を経験する可能性を過剰に低く見積もる傾向を，**楽観バイアス**（optimistic bias）と呼びます（Weinstein, 1980）。このような傾向は，将来を心配しすぎて不安になることを防ぎ，精神的な安定を守るために役立つといわれています。しかし，このようなバイアスがあるために，自分だけは大丈夫だと思って危険を冒したり，用心を怠ったりしてしまうこともあります。例えば，世の中で感染症が流行しているときでも，「自分は罹らないだろう」と思って，ワクチン接種やマスク着用をしないということがあるかもしれません。また，「しばらく大地震が起きることはないだろう」と考えて，災害に対して十分な備えをしないということもありえます。

## ▷ 計 画 錯 誤

時間の使い方について，過度に楽観的な捉え方をしてしまうこともあります。すなわち，計画を立てるときに「このくらいかかるだろう」と予測した時間の長さよりも，実際にはもっと多くの時間がかかってしまう現象が生じることがあり，**計画錯誤**（planning fallacy）という名で知られています（Kahneman & Tversky, 1982）。例えば，ビューラーら（Buehler et al., 1994）の研究では，大学生 37 名に課題論文を提出するまでにどのくらい時間がかかると思うかを予想してもらったところ，予測した日数の平均は 33.9 日でした。しかし，彼らが実際に論文を完成させて提出するまでには，平均して 55.5 日かかりました。自分で予測した日数以内に提出できたのは，約 30% の学生だけだったそうです。

計画錯誤は，なぜ起きるのでしょうか。そして，どうすれば防ぐことができるでしょうか。ここでも，視点の違いが鍵となります。

すなわち，わたしたちが計画を立てるときに「これから何が起きるか」という将来に向けた視点でものごとを考えやすく，「これまでどうだったか」という過去に向けた視点を忘れがちであるために，計画錯誤が生じるということが指摘されています。たいていの場合，わたしたちは「これから」についてものごとが理想的に進んだ場合を想定しながら計画を立てるのですが，実際に取り組んでみると思ったように進まなかったり，想定外のトラブルが起きたりして，予測した時間よりも長くかかってしまうのです。

　できる限り正確な予測を立てて，現実とのズレを減らすには，過去経験を参照することが有効だとされています。すなわち，「これまで自分が同じような課題に取り組んだときに，どのくらい時間がかかったか」という情報を手がかりにして，「これから取り組む課題にどれくらいの時間が必要となりそうか」を考えるということです。例えば，あなたが大学の心理学の授業で，レポート課題を出題されたという状況を想像してみてください。提出期限のどのくらい前から取り組み始めればよいでしょうか。このとき，過去に同じような分量のレポートを提出したときのことを思い出してみましょう。レポートを執筆するはずだった日に予定外の用事が入ったり，他の授業でも課題が出題されたりして，思ったように作業が進まず締切直前になって「まだ終わらない！」と焦ったことはありませんでしたか。こうした過去経験のことを考えると，今回はもっと早めに取り組んだほうがよさそうだな……と思うのではないでしょうか。このように，「これまでどうだったか」という過去の実績をきちんと振り返ることで，より現実的な計画を立てることができます。時間管理のよい習慣を身につけるために，皆さんもぜひやってみてください。

3　自分の視点から理解する　　**141**

# Summary まとめ

　本章では，社会的認知をテーマにして，社会的状況や出来事について知るしくみと，そのときに生じがちな認知の歪み（バイアス）について学びました。このしくみにおいて，わたしたちは限られた情報を手がかりとしたり，それぞれ異なる信念や仮説を確証しようとしたり，自分の視点や動機づけに基づいて理解したりします。結果として，適切な推論や判断が導かれることも多いのですが，ときには歪み（バイアス）が生じてしまうこともあります。そして，多くの人々が同じような方向性の歪みをもった考え方をする場合もあれば，それぞれの立場から異なる考えをもつことで互いにすれ違いが生じる場合もありえます。

　こうしたときに大切なのは，「わたしが見ている世界と，あなたが見ている世界は，違うかもしれない」という考え方をもつことではないでしょうか。わたしたち1人ひとりが，まず，自分の認知に誤りや歪みが含まれているかもしれないという認識をもつことが重要です。認知のバイアスについて学ぶことで，その誤りや歪みがなぜ・どのように生じるのかについて，客観的に理解しやすくなることでしょう。そして，できる限り正確で適切な認知に近づけるように補正の努力をすることが可能になります。また，相手が異なる視点や信念をもっている個人であるということも，考慮に入れることが重要です。自分と相手の意見や考え方が異なるときに，わからないからといって拒絶するのではなく，相手の視点・立場からものごとを見てみることによって，より理解しやすくなり，尊重できるようになる可能性があります。こうした歩み寄りの姿勢を互いにもつことによって，もともと考え方の違う他者と一緒に生きていくことに「息苦しさ」を感じていたとしても，より共感と理解のある状況へ，そして同じ世界を見ている仲間へと，お互いに変わっていくことができるかもしれません。

**142**　第6章　わたしの世界とあなたが見ている世界

### *Report assignment*　レポート課題

　「わたしが見ている世界と，あなたが見ている世界は，違うかもしれない」という観点から，日常的な生活のなかで生じがちな認知の誤りや歪みについて考えてみましょう。あなた自身や，あなたの身の回りの人々が，本章で学んださまざまなヒューリスティクスやバイアスの影響を受けているのではないかと考えられるケースはありませんか。具体的な例を 1 つ挙げて，できる限り客観的に，自分や他者の認知の誤りや歪みがなぜ・どのように生じたのかについて解釈してみましょう。また，そうした誤りや歪みのある認知を，より正確で適切なものに修正するためには，どのような対策が有効であると思うかについても述べましょう。

### *Book guide*　読書案内

カーネマン，D.／村井章子訳『ファスト＆スロー──あなたの意思はどのように決まるか？』上・下，早川書房，2012 年
鈴木宏昭『認知バイアス──心に潜むふしぎな働き』講談社，2020 年

# ぶつかりあうのは恐い?

第 7 章 Chapter

親密な対人関係,コミュニケーション

## Quiz クイズ

4人がけのソファーに知らないだれかが座っています。あなたはどこに座りますか。

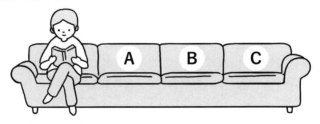

a. A   b. B   c. C

## Chapter structure 本章の構成

情報交換
複数チャネル
の運動

> 親密な関係
の構築
関係性調整

> 関係性維持

> 関係性の解消

- 言語・非言語チャネル
- 感情
- 対人魅力

人は見た目が大事?
よくある誤解
=メラビアンの法則

# Answer クイズの答え

**c.**

正解のある課題ではありませんが，多くの人が C を選びます。一方で，A や B を選ぶ人もたまにいます。理由を聞いてみると，「離れて座ると相手が嫌な思いをするかもしれないから」というような説明をしてくれます。家族，友人，知人，知らない人とで座る位置が異なるかどうかもぜひ考えてみてください。

# Introduction 導入

　本章では親密な対人関係について，その始まりから終わりまでを段階的に説明します。1 節では，わたしたちがどのような手段を用いて他者と情報交換を行い，親密な関係性を構築していくのかを考えます。情報交換と聞くと，言葉を用いたやりとりが頭に思い浮かびやすいかもしれません。実際は，人のコミュニケーションでは非言語的な手がかりがたくさんあり，それらは親密な対人関係の構築に欠かせません。言語と非言語，または複数の非言語チャネルを連動させながら相手との相互作用や関係性を調整する方法は 2 節で詳しく説明します。

　続く 3 節では，わたしたちがどのような人に対して魅力を感じ，親密な対人関係を発展させたいと思うのかということに注目します。短期的なパートナーに対して抱く魅力と長期的なパートナーに対して抱く魅力に違いがあるのでしょうか。

　4 節では，一度構築した親密な関係にほころびが生じ，関係解消に至るプロセスを見ていきます。多くの人は他者と良好な関係を築き，そのなかで協力的にふるまいたいと願っているかもしれません。しかしそれがかなわない状況も存在します。親密な関係の維持に必要なコミュニケーションのありかたについても考えていきましょう。

# 1 わたしたちの情報交換の手段
言語・非言語チャネル

　わたしたちは，さまざまなチャネル（手がかり）を使って他者とコミュニケーション（情報交換）を行います。コミュニケーションのチャネルにはさまざまありますが，言語的なものと，非言語的なものとに分けられます（**図 7-1**）。言語的コミュニケーションは，会

**図 7-1** コミュニケーションのチャネル

| | |
|---|---|
| **言語的コミュニケーション**<br>（verbal communication：VC）<br>言語記号による意味を手がかりとする過程<br>※意図的・意識的 | ① **言語的**（発言の内容・意味） |
| **非言語的コミュニケーション**<br>（nonverbal communication：NVC）<br>言語記号以外の手がかりからなる過程<br>※比較的無意図的・無意識的<br>※感情伝達機能 | ② **パラ言語的**（発言の形式的属性）<br>　a. 音響学的・音声学的属性<br>　（声の高さ，アクセント，速さなど）<br>　b. 発言の時系列的パターン<br>　（間のおき方，発言のタイミング） |
| | ③ **身体動作**<br>　a. 視線<br>　b. ジェスチャー，姿勢，身体接触<br>　c. 顔面表情 |
| | ④ **プロクセミックス**（空間の行動）<br>　対人距離，着席位置など |
| | ⑤ **人工物 A の使用**<br>　被服，化粧，アクセサリー |
| | ⑥ **物理的環境**<br>　家具，照明，温度など |

①②：音声的
③④⑤⑥：非音声的

（出所）大坊，1998 をもとに作成。

話における発言内容や文字で書かれた内容などの意味を手がかりとしたコミュニケーションで，意識的・意図的なものです。一方，非言語的コミュニケーションは，しばしば無意識的・無意図的になされます。つまり，情報の送り手としては伝達する意図のなかった情報などが，受け手に対して知らず知らずのうちに伝わってしまうことがあります。

### ▷ 感情伝達機能としての顔面表情

　顔面表情は，非言語コミュニケーションのなかでも，感情の伝達機能をもつ重要なチャネルです。わたしたち人には，基本6感情（喜び，悲しみ，驚き，恐怖，嫌悪，怒り；Ekman & Friesen, 1975）と呼ばれる感情のそれぞれに対応した表情（顔の筋肉の動き）があると考えられています。何かうれしいことがあったとき，多くの人は目尻が下がり，口角は上がります。一方で，悲しいことがあると，目尻と口角が下がります。これらの感情を経験しているとき，わたしたちは意識してその感情に合致した表情をつくっているのではなく，特定の感情に応じた表情が無意識的に表出されます。これらの表情は文化を超えて，共通に存在するとの研究結果が示されています（Ekman & Friesen, 1971）。

　基本6感情に対応する顔面表情は文化普遍的ですが，いつ表出がなされるのかという点においては文化差が存在します。エクマンとフリーセン（Ekman & Friesen, 1975）は，アメリカ人と日本人の大学生を対象に表情表出の実験を行いました。まず実験参加者は，ストレスが引き起こされるような映像を1人で視聴しました。その後，視聴した映像についての感想を，アメリカ人参加者はアメリカ人の，日本人参加者は日本人の研究補助員に口頭で伝えるように言われます。視聴中，ならびに研究補助員に感想を伝える際の実験参

加者の様子は，録画，記録されました。実験参加者の表情表出について分析した結果，映像視聴中の表情は，アメリカ人，日本人参加者でほぼ同じで，不快であることを示す感情が同程度の強さで表出されていました。一方で，研究補助員に感想を伝える最中には，アメリカ人よりも日本人で，表情表出が抑制されていました。

　日本では，たとえ不快なことがあったとしても，感情の表出をできる限りコントロールし，他者に対して穏やかに接することが望ましいと教えられる機会が多々あります。自分にとってよい出来事があったときでさえ，周囲の人たちの状況を気にせずに喜びの感情を表に出すことをよしとしないケースがあります。このような暗黙の規範は，場合によっては息苦しさを生み出すかもしれません。実験で研究補助員に感想を伝える際にも，日本の文化に基づく**表示規則**（display rule）から，感情表出に抑制が生じたと考えられています。

▷　**音声的非言語チャネル？** : パラ言語とは

　非言語的なチャネルというと，表情や視線，ジェスチャーなどの非音声的なものがまっさきに頭に浮かぶかもしれませんが，音声的な非言語チャネルも存在します。例えば，発話中の声の高さやアクセント，速さなどはパラ言語（para-language）と呼ばれる非言語コミュニケーションのチャネルです。いつもよりも声が高かったり，早口になっていたりする友人を見たら，緊張しているのかもしれない，と推測します。また，自分と異なるアクセントで話す人がいたら，別の地方出身なのかもしれないと考えます。さらには，声の抑揚や高さ，テンポなどから，感情状態を伝えることもできます。「こっちへいらっしゃい」という同じ発話内容で異なる感情を表現した音声を聞いた人が，どの程度正しくそれらの感情を読み取れるのかを検討した研究では，怒りや悲しみ，喜びの正答率が高くなる

**表 7-1** 感情と音声の関連

| 感　情 | さまざまな音の特徴 | | |
|---|---|---|---|
| 喜　び | 速いテンポ | より高いピッチ変動 | 高い活発性 |
| 悲しみ | 遅いテンポ | 低いピッチ | 低い活発性 |
| 驚　き | 速いテンポ | 高いピッチ | ピッチの上下 |
| 恐　怖 | 速いテンポ | ピッチ曲線の上昇 | 甲高さ |
| 嫌　悪 | 遅いテンポ | 少しの抑揚 | 硬い音 |
| 怒　り | 速いテンポ | 高いピッチ | 大きい音 |

（出所）Richmond & McCroskey, 2003 をもとに作成。

ことが示されました（鈴木・田村，2006）。また，**表 7-1** のとおり，多くの研究から感情と音声の間には一定の関連があることがわかっています。

　非言語コミュニケーションはチャネルの数が多く，言語によるコミュニケーションと比べて自分でコントロールしにくいこともあり，「正直なシグナル」として受け手に認識されることがあります。友人が言葉では「大丈夫だよ，気にしていないから」と言っていても，悲しみや怒りの表情が表出されていたら，「本当は大丈夫じゃなさそうだな」と考えます。わたしたちは非言語コミュニケーションのチャネルを通して伝達される情報に，受け手として大きく影響を受けます。

▷　**よくある誤解：メラビアンの法則**

　「人は（何を話すかではなく），見た目がとにかく大事」という言説を聞くことがあります。この言説を支持する研究として，いわゆる「メラビアンの法則」（Mehrabian & Wiener, 1967）が取り上げられる

**150**　第 7 章　ぶつかりあうのは恐い？

ようです。しかし多くの場合，この研究は誤って理解されています。実際はどのような研究だったのでしょうか。詳しく見ていきましょう。

　メラビアンとウィーナーは，視覚（表情などの身体動作），聴覚（パラ言語），言語（発話内容）において，矛盾したメッセージが与えられた場合，どのチャネルの情報が重視されるかを検討しました。矛盾したメッセージとは，発言内容はネガティブなのに，表情はポジティブというような状態です。通常であれば，発言がネガティブな内容であれば，それと連動して，非言語チャネルでもネガティブな表出がされるはずですが，この研究ではそうはなっていません。ゆえに，どちらの情報を正しいとする（重視する）のかを判断する必要があります。研究の結果，それぞれのチャネルが重視される割合は，視覚（表情）55%，聴覚（パラ言語）38%，言語7%となりました。このことから，わたしたちは非言語チャネルの表出内容の影響をより強く受けることがわかります。そしてその背景には，非言語チャネルで表出される情報が無意識的・無意図的で，その人の感情状態をより正しく伝達していると考えられることがあるのです。

　メラビアンとウィーナーが示した研究結果は，あくまで言語・非言語チャネルから発信される情報が一致していない状況を扱ったものです。したがって，この研究結果から「非言語的な発信に比べて言語的な発信内容には意味がない」（例えば，「人は見た目がとにかく大事」のような考え方）と結論づけるのは誤りです。非言語チャネルからの情報の影響力は強くはありますが，曖昧さの程度も大きいのです。つまり，表情から感情を読み取ることはできても，なぜそのような感情状態になっているのかまでは明確にはわかりません。コミュニケーションの相手に自分の感情状態やその背景についてより正確に伝えたいと考えるのであれば，言語を介した情報交換が必要

不可欠になります。わたしたち人間のコミュニケーション手段として，言語・非言語的チャネルのいずれもが大事なのです。

## 2　親密な関係を促進させるコミュニケーション

▷　**複数チャネルの連動**

　矛盾したメッセージが示された場合は非言語情報が重視されるものの，一般的な会話場面においては，言語，非言語チャネルが連動することで相互作用が調節され，コミュニケーションが円滑に進みます。いくつか例を挙げて説明しましょう。まず，会話場面において，声の高さや大きさといったパラ言語は発話交代を円滑にする機能をもっています。交代時には話し手の発話速度が遅くなり，声の高さや大きさが下がります（Duncan, 1973）。また，視線も発話交代において重要な役割を担います。話し手がそろそろ発話を終えようとする頃には，多くの場合，聞き手に視線を向けます。これが聞き手にとって発話交代の合図になり，話し手と聞き手の入れ代わりがスムーズに行われるのです。非言語的なやりとりができない無線通話では，発話終了時に「どうぞ」のような言葉を使って聞き手に発話交代のタイミングを伝える必要があります。

　聞き手のうなずきは，話し手の発話を促進させます。マタラッツォら（Matarazzo et al., 1964）は，就職面接時の志願者を対象にしてこのことを実験的に明らかにしました。実験では，志願者1名に対して45分の面接時間を設定し，3つのブロックごとに面接者（実験者）のうなずきの程度を操作しました。最初と最後のブロックでは志願者の発話中に面接者はうなずきを極力行わない一方，真ん中のブロックでは志願者の発話中にうなずきを続けました。すると，

多くの志願者が，2ブロック目でより長く発話しました。うなずき
は，話し手の発話の内容を理解し，承認していることを示します。
そのような非言語メッセージが聞き手から発信された場合，話し手
は満足感を得るとともに，相手からの受容に応えようとする結果，
発話時間が長くなると考えられています。

### ▷ 親密さの調整

　複数の非言語チャネルを連動させて相互作用相手との親密性を調
整することもあります。わたしたちは，親密な他者とコミュニケー
ションを行う際，物理的に接近し，お互いに目を合わせながらやり
とりします。対人距離と視線行動という2つの非言語チャネルが
連動し，親密性の高さを表出していることがわかります。一方，よ
く知らない相手に対しては，一定の物理的距離をとったり，あまり
視線を向けずにやりとりしたりする場合が多いでしょう。では，
まったく知らない他者に対して，物理的に接近せざるをえない環境
におかれた場合，わたしたちはどのようにふるまうでしょうか。近
くにいる人と接触してしまうほどの満員のエレベーター内を想像し
てみてください。おそらく多くの人は，とくに見る対象がないにも
かかわらず上のほうをぼんやりと見つめたり，エレベーター内に設
置されているボタンを眺めたり，スマホの画面に目を向けたりする
のではないでしょうか。

　見知らぬ他者に対して対人距離が小さくなりすぎると居心地の悪
さを感じ，せめて視線が合うことを避けようと，知らず知らずのう
ちに親密性のレベルを調整しようとします。冒頭の **Quiz** において，
初対面の人がソファーに座っているとしたら，おそらく多くの人は
最も離れた位置に座るでしょう。一方，仲のよい友人や家族であれ
ば，近くに座ることにさほど抵抗は感じないでしょう。お互いに

とって適切な親密性のレベルを維持するために，複数の非言語チャネルの表出を調整することを，アーガイルとディーン（Argyle & Dean, 1965）は**親密性平衡モデル**（intimacy equilibrium model）と呼び，モデルと一致する研究知見を示してきました。このように，適切なレベルの親密性を維持したり，他者と親密な関係を築いたりする上で，言語・非言語チャネルの連動は重要な役割を担っているのです。

## 3 仲良くなるきっかけ
対人魅力と関係の発展

### 初対面時に感じる魅力

　恋愛など，ロマンティックで親密な関係のはじまりにおいて，わたしたちは相手のどのような要素に魅力を感じるのでしょうか。初対面の時点では，相手のパーソナリティや好みなどの内面的な部分はわかりません。したがって，おのずと非言語的な情報，すなわち見た目（**外見的魅力**：physical attraction）が重要な要因となりうるでしょう。

　ウォルスターら（Walster et al., 1966）は新入生の歓迎イベントパーティで，「コンピュータ・ダンス」を開催するという広告を出しました。事前に自分の情報を登録しておけば，パーティでその情報にマッチする相手をコンピュータが選んでくれるという内容です。この広告を見て情報を登録・予約しに来た学生に順次対応するスタッフ4名がじつは実験協力者でした。実験協力者は，学生と対面した際の，ほんの1～2秒の瞬間的な外見的情報に基づいて，魅力度を1（まったく魅力がない）～8（非常に魅力的）で評定しました。

　パーティでは，参加者が事前に登録した内容とは関係なく，男性が女性よりも身長が高くなるようにした以外はランダムに男女のペ

アがつくられました。2時間ほどのパーティ終了後，参加した男女に対して，ペアになった相手に対する好意度や外見的魅力の程度，今後関係を発展させたいと思う程度などについて尋ねました。分析の結果，男女関係なく，実験協力者による事前の魅力度の評価が高い人ほど，相手からより好意を抱かれ，関係を発展させたいと評価されていました。また，外見的魅力度が高いとされた人物は，ペアになった相手に対する魅力度の評価が低く，関係の発展も望んでいませんでした。外見的魅力度の高い人たちは自分のパートナーになりうる人物に求める水準が高いようです。

## コンピュータ・ダンス実験の注意点

このコンピュータ・ダンス実験には，いくつかの問題も含まれています。まず，事前登録の際に評価された魅力度が，大学生4名の実験協力者による瞬間的な判断であることには注意が必要でしょう。それぞれの協力者が，何をもって魅力度を評価していたのか，この研究では厳密にはわかりません。また，静止画像ではなく対面でのやりとりなので，瞬間の判断といっても声のトーンや表情の違いが魅力度の評価に影響した可能性も排除できません。

次に，研究倫理上の問題も挙げられます。実験の対象となった新入生は，知らないうちに魅力度を評価されていました。また，事前情報とは異なる基準でペアがつくられました。**第3章コラム4**でも示したとおり，デセプションを伴う実験を行った場合の事後説明（デブリーフィング）や，データの取り扱いに関する同意のとり方など，不十分な点が多くあるので，注意が必要です。

## 長期的なパートナーを選ぶときに感じる魅力

長期的なパートナーを選ぶ場合，男女によって魅力に感じる要素

が異なることが知られています。ウォルターら（Walter et al., 2020）は，45 カ国，1 万 4399 名を対象に，長期にわたって親密な関係を維持したいと考える異性に対してどのような要素を重視するかを尋ねました。男女で比較したところ，男性は女性よりもパートナーの外見的魅力を重視するのに対して，女性は男性に比べて，パートナーの経済的安定を重視する傾向があることがわかりました。また，男性は自分よりも年齢が低い女性を，女性は自分よりも年齢が高い男性を好むものの，ジェンダー平等が進んでいる文化ほどお互いの年齢に近い異性を配偶者として好む傾向が見られました。男女でこのような違いが見られる背景には，進化論の観点から説明がなされています。男性にとっては若くて外見的魅力の高い女性と，女性にとっては経済的に安定した男性をパートナーに選ぶことが自分の子どもを残すという点においてより適応的であると判断する人が多いということです（Buss, 1989）。

　何か 1 つの要素を選ばなければならないとしたら上記の傾向が示されますが，男女ともに理想としては，短期・長期いずれの関係においても，優しさなどを含む複数の魅力の要素においてバランスのとれた相手を好むという研究結果もあります（Li & Kenrick, 2006）。

### ▷ 魅力の要素

　友人関係も含めた親密な関係における魅力の要素は，外見的魅力の他にもいくつかあります。まず，わたしたちは物理的に近接している相手に対して，より魅力を感じます（Festinger et al., 1950）。親友や恋人として関係が継続している相手と知り合ったきっかけを振り返ると，近くの席に座っていたとか，出席番号が近かったとか，同じ部活に所属していたという理由を挙げる人も多いのではないでしょうか。**近接性**が高い相手とは，接触する機会が増えます。同じ

**156**　第 7 章　ぶつかりあうのは恐い？

相手と繰り返し対面していると，その人物に対して好意的な態度を抱くようになります。これは**単純接触効果**（mere-exposure effect；Zajonc, 1968）と呼ばれています。

　次に，態度の**類似性**も魅力の要素の1つです。バーン（Byrne, 1961）の研究では，いくつかの問題に対する参加者の態度を測定し，その2週間後に「別の参加者の回答である」として実験的に用意された態度尺度への回答結果を見せました。すると自分の態度と近い回答をしたとされる他者に好意的な評価を行う一方，異なる態度を示した他者には否定的な評価を行いました。似た者同士が惹かれあう，というこの傾向は，**類似性─魅力仮説**（similarity-attraction hypothesis）といいます。

　魅力の要素に基づき関係性が構築された後は，お互いその関係に満足している限りは，関係が発展，維持されるでしょう。関係の満足度を表す指標として，ここではラズバルト（Rusbult, 1983）の投資モデルを紹介します。

　投資モデルでは，相手との関係性から得られる利益（reward）と，その関係に費やしたコスト（cost）の差分を成果量（outcome）と定義しています。この成果量から，自分自身がこの関係から得られるはずだと予想する利益の水準（比較水準：comparison level）を差し引いたものが満足度と考えられています。関係に満足しているほど，そして，自分がその関係に対して投資（investment：投入した時間やお金，思い出など）しているほど，また，代わりとなる選択肢の質が低いほど，その関係性に対する関与の程度（コミットメント：commitment）が大きくなります。

　関係の維持においては，満足度よりもコミットメントが重要であるとされています。また，関係が継続するにつれて，自分の成果量と相手の成果量の認知のズレが小さくなることがカップルを対象と

した研究から示されています（和田・山口，1999）。

## 4 親密な対人関係の解消過程

　一度は築いた親密な関係も，時間が経つにつれて問題を抱えるケースがあります。例えば以前は機能していた魅力の要素の変化が挙げられます。パートナーの外見的魅力や経済的な安定性が低下したり，進学や転勤でどちらかが引っ越し，2人の間に物理的な距離が生じてしまったりすることはよくあります。また，これまでは類似した考え方や価値観を共有していたものの，何かをきっかけに変わってしまう場合もあるでしょう。投資モデルで考えると，利益の低下やコストの増加による関係満足度の低下，より魅力的なパートナー候補の出現，投資量の低下が関係へのコミットメントを低め，親密な関係の解消のきっかけになりえます。

### 関係解消に至るまでの段階

　良好だった関係が解消に至るまでにはいくつかの段階が存在します（Duck, 2005；Rollie & Duck, 2006）。まず，少なくとも一方が「2人の関係について不満に思う段階」（breakdown phase）から始まります。約束の時間になっても相手が現れない，誕生日を忘れられていたなど，不満のきっかけとなる事柄は人によって異なります。

　不満が解消されないと，この関係を終わらせてもいいのではないかと「自分自身に問いかける段階」（intrapsychic phase）が始まります。相手が間違っていると思う点や関係を維持することに伴うコスト，またもっと他にいい相手がいるのではないかと思いをめぐらせます。

この段階でも問題が解決されない場合は，「相手に自分の不満を伝える段階」（dyadic phase）に移行します。関係が不安定になるため，気分が沈んだり，自分の言い分をなかなか理解してくれないパートナーに敵意を感じたりといったネガティブな経験をすることもあるでしょう。

2人だけでは問題が解決しないとなると，その状況を親しい友人などの第三者に公にし，アドバイスをもらおうとしたり，自分の言い分が正しいことを他者に認めてもらおうとしたりする「社会的段階」（social phase）に進みます。第三者が2人の仲をとりもつことで，関係が改善する場合もありえます。

残念ながらそれがかなわないとなると，関係は終了し，過去のこととして「思い出を整理する段階」（grave-dressing phase）へと移行します。恋愛関係の破綻について調べた研究によると，別れを切り出された人は切り出した人よりも抑うつ状態を経験したり，自尊心を失ったりします。一方，切り出したほうは，「冷たい人だ」と周囲からの評判を下げる代償を払う場合があります。男性よりも女性のほうが，破綻に際して悲しみや混乱，恐怖を感じたことを報告しています（Perilloux & Buss, 2008）。

さて，思い出を整理する段階の次に，最後のステップとして「復活の段階」（resurrection phase）が存在します。この段階では，抑うつ状態や自尊心の喪失を乗り越え，自分の社会的な価値を認める感覚を取り戻します。そして，別れの経験を次に活かして，よりよい関係を築こうと考えます。個人としてさらに成熟していく段階といえるでしょう。

## 関係修復のためのコミュニケーション

関係解消に至るには，ここまで説明したようないくつかの段階を

**図 7-2　葛藤対処行動の二重考慮モデル**

(出所) Rahim, 1983をもとに作成。

経ますが，それぞれの段階において，関係改善のチャンスは存在します。お互いのコミットメントが強い状態であれば，コミュニケーションを通して問題の解決を図る努力がなされるかもしれません。恋愛関係，友人関係，家族関係など，さまざまな対人葛藤に直面したときにわたしたちがとる方略として，ラヒム (Rahim, 1983) は二重考慮モデルを提案しています（**図 7-2**）。このモデルでは，自分を優先するか，相手を優先するかの2つの志向性を仮定します。自分だけを優先する場合は「主張的な対処行動」(dominating)，相手だけを優先する場合は「譲歩」(obliging) がなされます。状況に応じて，相手の意見を受け入れたり受け入れてもらったりして，バランスをとりながらお互いが満足する形で解決を図ろうとする方法は「協調的な対処行動」(integrating) といえます。お互いがお互いの意見をほどほどに受け入れる「妥協的な対処行動」(compromising) がとられる場合もあります。妥協という言葉は時にネガティブな印象を抱かれがちですが，お互いに譲れない事項がある際には，中間地点で合意をするというやり方がうまくいくこともあるでしょう。

「回避的な対処行動」（avoiding）をとってしまうと，2人の間に存在する根本的な問題は解決されにくくなると考えられます。事態の好転をただただ祈る，関係解消を切り出さずとも相手との接触を極力避ける，といったやり方が中心になります。

### 謝罪の重要性

　自分にとって大切な相手を悲しませたり怒らせたりしたけれど，関係解消に向かうプロセスは避けたいという場合は，謝って許してもらうことも関係修復の1つの手段となりえます。関係の修復や維持に謝罪が利用され，それが実質的に効果をもちうることは複数の研究からも示されています（Fehr et al., 2010）。なぜそんなことをしてしまったのか，今後同じことを繰り返さないためにどのような解決策を考えているのかなどを，「ごめんなさい」とともに誠意をもって伝えられたら，相手も理解を示してくれるかもしれません。

　誠意を示す方法の1つとして，自分の時間や金銭などのコストを伴う謝罪が挙げられます。例えば，電話やSNSではなく，相手に会いに行き，対面で直接謝罪をする場合，電車代や会いに行くためにかかった時間などをコストとして捉えることができるでしょう。わたしたちは，自分にとって相手との関係を維持することに価値を見出しているほど，コストのかかる方法での謝罪を試みることがわかっています（Ohtsubo & Yagi, 2015）。また，コストをかけた謝罪は，より相手から受け入れられる可能性が高くなります（Ohtsubo & Watanabe, 2009）。コストというと，相手へのプレゼントや手土産など，物質的なものがまっさきに頭に浮かびやすいかもしれませんが，誠意を示すための手段はそれ以外にも複数あるでしょう。

4　親密な対人関係の解消過程　**161**

## Summary まとめ

　本章では，わたしたちが言語・非言語チャネルを用いて他者と情報交換を行っていることを確認した上で，それぞれのチャネルの役割やチャネルの連動の効果について説明しました。とくに非言語チャネルは，親密な関係の開始，発展，維持に欠かせません。また，親密な関係を開始するにあたって重要となる魅力の要素についてもいくつか紹介しました。関係開始時には外見的魅力の重要度が高くなりますが，態度（考え方や価値観）の類似性，物理的な近接性なども対人魅力の要素です。そして，親密な関係を維持するにあたっては，関係に対する満足度や，双方のコミットメントの強さが影響力をもっています。これらが低下してくると，関係解消に向けたプロセスが始まることになります。

　恋愛関係や友人関係の解消は，決してめずらしいことではありません。とくに若い人たちの間では，代替候補の選択肢が多いため，関係はより流動的になるでしょう。自分がこれまでに経験した解消プロセスのつらい記憶や，知り合いがパートナーとの関係に悩んでいたり，もめていたりする様子を見聞きすることで，他者と深い関係を築くことを避けたくなるかもしれません。しかし，本章で紹介した解消プロセスの最終段階に見られるように，わたしたちは解消プロセスを通して，自分のふるまいに関する調整や修正を行う機会も得ます。そしてそれは，次の関係に活かされることになります。また，自分にとって大切な関係だと考えるのであれば，2人の間で生じている問題を解決するための直接的，建設的なコミュニケーションをとることもできます。相互に満足できる，理想の関係は，複数の葛藤を超えた先に成立することもあるでしょう。

### *Report assignment* レポート課題

　現在，あなたと最も親しい友人を頭に思い浮かべてください。その友人とやりとりをするようになった最初のきっかけは，どのようなものでしょ

うか。また，関係を深めるにあたって，何か重要な要因はあったでしょうか。関係の開始と発展について，本章で説明した理論にふれながら説明をしてください。今後，引き続き良好な関係を継続するにあたって，あなた自身はどのような要素がとくに重要であると考えますか。本章で取り上げた内容に基づき，説得的に記述してみましょう。

## Book guide 読書案内

今田純雄・中村真・古満伊里『感情心理学——感情研究の基礎とその展開』培風館，2018 年

大坪庸介『仲直りの理（ことわり）——進化心理学から見た機能とメカニズム』ちとせプレス，2021 年

# 社会を変える・動かす

## Chapter

8 　社会を変える・動かすコミュニケーション
9 　「だれかのために」が生まれるとき
10　チームや組織が活性化するために

# 社会を変える・動かすコミュニケーション

第 **8** 章 Chapter

合意形成から行動変容まで

## Quiz クイズ

気候変動問題に関する国際的な枠組みである 2015 年 12 月の「パリ協定」(COP21) では，2020 年以降の温室効果ガス排出削減に関する世界的な取り決めが示され，「世界の平均気温上昇を産業革命以前と比べて 2℃より十分低く保ち，1.5℃以内に抑える努力をする」という世界共通の長期目標が掲げられています。では，2℃の気温上昇で，以前は 10 年に一度生じる程度だった異常気象現象は，どのようになると予測されているでしょうか。

a. 猛暑の頻度が 4 倍，干ばつの頻度が 2 倍
b. 猛暑の頻度が 6 倍，干ばつの頻度が 2 倍
c. 猛暑の頻度が 9 倍，干ばつの頻度が 4 倍

## Chapter structure 本章の構成

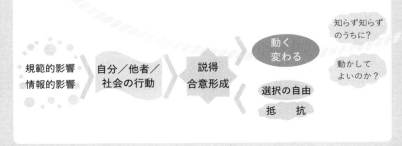

# Answer クイズの答え

**c.**

この問題は『気候変動と環境危機──いま私たちにできること』というグレタ・トゥーンベリさん編著による本（Thunberg, 2022）に掲載されているデータから作成したものです。温室効果ガスを多く排出するような行動スタイルを変えていかないとわたしたちの環境は危機に瀕すると警告されています。身近なところでも異常気象を感じる一方で，地球全体のレベルでの変化は何か遠くのことのようにわたしたちは感じてしまうことがあります。

# Introduction 導入

　わたしたちの社会では，さまざまな解決すべき問題がありますが，個々人では対処できないような問題もあります。また，一見，個人的な問題に見えても，じつは社会に深く根ざす問題であることもあります。そうしたとき，集団で対処し，社会全体を動かすということを考えてみましょう。

　ここでの「動かす」ということの意味は，社会自体が停滞し，閉塞感があるときに，社会の構成員が行動を変えたり，リーダーが呼びかけたり，モデルとなる人と同じような行動をとったりすることで人々の行動が変わっていき，結果として以前あった状況から社会が変わるようなことを想定しています。

　でも，そんなに社会は簡単に変われるのでしょうか。どのような方向に，どのようなやり方で変えたらいいのでしょうか。そもそも社会を変えてもいいのでしょうか。人々の行動が変わったり変わらなかったりすることについて，社会心理学の古典的研究をひもときながら考えていきましょう。

**168**　第 8 章　社会を変える・動かすコミュニケーション

# 1　他者の行動で自分が変わる

### 規範の形成

　2020年，新型コロナウイルス感染症が世界的に流行し，世界中の人々の暮らしに大きな変化がもたらされました。日本においてもマスクの着用など，さまざまな策が講じられました。例えばマスクの着用は，拒否すれば罰則があるわけではないのに，皆がやっていることと同じようにふるまわなければという雰囲気が生まれ，それは「同調圧力」とも呼ばれました。同調圧力が働くというと，あたかも周囲の人々から自分に影響が及ぶだけの一方的な印象をもつかもしれません。しかし，他者の行動を参照して自分の行動が決まってくるということは，逆にいえば自分も他者に影響を与えているということがいえるのです。

　ここでは，他者から受ける影響として，**社会規範**（social norm）を考えてみましょう。シェリフは，光点の自動運動現象という知覚作用を実験に用いました（Sherif, 1936）。これは，暗闇で光点を見つめると，物理的には動いていないのに動いているように見える錯覚です。実験参加者は，この光点の動いたように見えた距離を判断し，表明するという課題を行いました。個人で作業をする場合は，自分なりに基準をつくって報告します。次に3人からなる集団で同様の課題を行うと，最初の個人作業とは異なり，他の人の判断を聞く機会を得ます。そうすると，課題を複数回繰り返すうちに集団内で徐々に基準ができあがり，判断された距離は同じような値に変化していったのです。興味深いのはここから先です。実験参加者は再び個人で課題を行いますが，他のメンバーがいなくなった状況におい

ても，集団で行ったときの判断が継続していたのです。

　シェリフの実験によって，情報が曖昧なときには他者の行動を参照することで規範が形成されることが示されました。他方，判断すべきことが明確な，答えが決まる課題として，アッシュの実験（Asch, 1955 ➡ 第3章）による線分の判断課題が挙げられます。ここで他者と同じ行動をとるとしても，2つのパターンが考えられます。1つは，自分の考えと違っていたとしても表面的に他者の行動に追従することです。もう1つは，本当にその行動をとることが大事であると自分の意見を変えて行動する場合です。

　ここから，わたしたちは他者がとっている行動によって，逸脱を避け，他者から認められたいといった**規範的影響**だけでなく，多くの人たちがとっている行動に意味を見出そうとする**情報的影響**を受けることがあるといえます。

### ▷　記述的規範と命令的規範

　社会心理学において，規範という概念は，さまざまな理論において検討されています。チャルディーニら（Cialdini et al., 1990）は，多くの人がどのように行動しているのかという**記述的規範**（descriptive norm；どうあるか）と，どのような行動が求められるのかという**命令的規範**（injunctive norm；どうすべきか）の2つの規範の影響力の違いを検討しています。ゴミが散らかった場面では，多くの人が捨てているという事実が示されていて，「自分もゴミを捨ててもいいかな」という気持ちになります。一方でゴミが散らかっていない状況でわたしたちはゴミを捨てることに抵抗があることについて，だれもがゴミを捨てていないという規範が共有されていることになります。公共施設で見かける「いつもキレイに使っていただきありがとうございます」という表示は，多くの人がきれいに使っている

170　第8章　社会を変える・動かすコミュニケーション

という点で記述的規範を表しています。一方で，「ゴミを散らかさないでください」という表示は，利用者に指示をしている点で命令的規範ですが，ゴミを散らかす人がいることも暗に示しているという点では記述的規範ともいえるでしょう。

### ▷ 知らず知らずの影響

わたしたちは他者だけでなく自分自身のこれまでの経験からも気づかないうちに影響を受け，行動しています。チャルディーニはこうしたはたらきを**影響力の武器**として，①返報性，②好意，③社会的証明，④権威，⑤希少性，⑥一貫性，⑦一体性の7つの原理にまとめています（Cialdini, 2021）。これらについて，他の概念とも関連させながら見ていきましょう。

**一体性の原理**は，「わたしたち」という意識をもったときに内集団ひいきの心理（➡第4章）によって協力しようとする影響で，他の原理も相互に関連しています。

「皆がやっているから，自分もやってみよう」という規範的影響は，**社会的証明の原理**にあたります。ある商品が流行っている，つまり多くの人がその商品を購入しているということは，その商品が多くの人に認められていると証明されていることを意味します。

**返報性の原理**は，人から贈り物をもらったり，自分のために何かをしてもらったりした場合，何かお返しをしなくてはならないという気持ちが働くことです（➡第9章）。最初に大きな要求をしてわざと断らせ，次に小さな要求をすることで相手の承諾を得る**ドア・イン・ザ・フェイス技法**（door in the face technique；Cialdini et al., 1975）は，自分が断ったがゆえに相手が当初の要求を曲げて自分のために要求のレベルを下げてくれたので，相手の期待に応えなくては，という返報性の原理が働くことを利用しています。同様に，相手が依

頼を受け入れるか迷っているときに、よい条件を提示することで相手の承諾を得る**ザッツ・ノット・オール技法**（that's-not-all technique；Burger, 1986）も返報性の原理の応用です。人の社会は「持ちつ持たれつ」の助け合いによって成り立っており、「お返し」はわたしたちが進化の過程で獲得してきた行動スタイルといえます。家電製品の購入の際に値引き交渉をし、販売員がそれに応じてくれたら、次もその店で買おうと思うかもしれません。それが自覚できる場合もありますが、わかっていても断れない状況はあるのです。知らず知らずのうちに相手から何かを受け取り、その恩義が後の自分の行動に影響を与えることもあるでしょう。

　恩義を感じさせることで自分たちの思うように組織や社会を動かそうとする極端な例が収賄です。最近、利益相反という言葉をよく耳にするようになりました。自分たちに利益を誘導してくれる他者や集団を優遇することで、不公正を生じさせるようなことがあってはならない、ということも私たちが自覚しなければならない重要な倫理的行動の1つです。

### ▷　自由を確保したい心理

　自分が意識できていないところでの影響はさまざまで、知らないうちに自分の自由が侵害されているということもあります。わたしたちがもっている「自由は尊い」という価値観に対して、自由を望んだがゆえに行動が束縛されるというパラドックスもあります。「限定商品」とか「残りわずか」と言われると、ついその商品がほしくなるという**希少性の原理**もその1つです。それを逃してしまえば、自分がそれを選ぶチャンスを放棄することになります。なるべく多くの選択肢を残すことで選ぶ自由を確保したいというという心理が働き、それ以外の行動をする自由を失ってしまうのです。この

ことを積極的に利用し，説得の最後に単に「でもあなたの自由です」と付け加えるだけで説得効果が高まることも知られています（Guéguen & Pascual, 2000）。

限定商品は，いまそれを買わなければ二度と手に入らなくなってしまうかもしれないとわたしたちに思わせます。でもよく考えてみると，将来にわたって本当にそれが必要かどうかは，いま判断できるとは限らず，それに代わる魅力的なモノが出てくるかもしれません。自由を確保しようとするはたらきが，逆に自分を縛っていないか一度考えてみるとよいでしょう。

## 2 人々の考え方を変えていくには

▷ **態度による行動の予測**

社会を動かすために個々の行動を変化させる際に重要となる，個々の人々がもっている態度について考えてみましょう。ここでいう「態度」とは，その行動をとることによって得られる結果や事態に対する自身の評価が記憶として定着した状態を指します。お店に行ってお気に入りの商品をいつも買うという態度は，その商品のよさを考えなくてもわかっている状態であり，毎回どの商品がよいか検討する必要もないので便利です。態度によって行動を予測できると考えられていますが，態度と行動が一致しない場合もあります。よいとわかっていてもコストがかかって実行できないとか，嫌いであっても建前として好意的にふるまうといったことがあります。

しかし実際，わたしたちはそうした不確定な他者に囲まれて生きていくことができています。それは他者の態度から行動をある程度予測できているからです。**合理的行為モデル**（reasoned action mod-

**図 8-1** 合理的行為モデルの概要

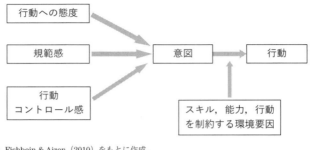

(出所) Fishbein & Ajzen (2010) をもとに作成。

el；Fishbein & Ajzen, 2010）はそのしくみを理解するのに役立ちます（**図 8-1**）。このモデルでは，ある行動を実行しようとするかどうかの判断としての**意図**（intention）によって行動を説明します。意図は，行動への態度，規範感，行動コントロール感の3つの要因で予測されます。**行動への態度**（attitude toward the behavior）とは，さまざまな観点に基づいた行動の実行がもたらす結果の評価です。**規範感**（perceived norm）とは，自分にとって大事な他者や集団のメンバーがその行動をとることを期待しているかどうかという判断です。例えば，安定した企業への就職が経済的独立などに役立ち，家族や友人もそれに賛成してくれると思えば意図は高まり，行動につながります。**行動コントロール感**（perceived behavioral control）は，その行動を自分でコントロールできるかどうかの判断です。行動によっては，自分の力ではどうにもならないと思えることもあります。希望する企業への就職が自分で何とかできそうだと思えれば，意図は高くなり，行動の後押しにもつながります。意図が形成されても，それを実行するためのスキルや能力，行動を制約するさまざまな要因によって，実際の行動につながるかどうかは変わってきます。

**図 8-2 精緻化見込みモデルの概要**

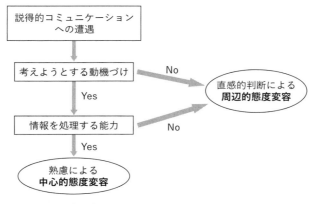

(出所) Petty & Cacioppo (1986) をもとに作成。

### 説得による態度の形成

他者の行動を変えることによって社会変化を促すための技術として**説得**(persuasion)について取り上げます。説得とは，主に言語によって，問題となっている論点に関する他者の態度を変化させることを目的とするコミュニケーションです。

説得は，説得の送り手，受け手の特徴やメッセージの構成の仕方によって効果が変わってきます (Hovland et al., 1953)。送り手からの説得メッセージの情報処理のしくみは**精緻化見込みモデル** (elaboration likelihood model；Petty & Cacioppo, 1986) で考えることができます (**図 8-2**)。メッセージの受け手にとって考えようとする動機づけが高い場合，さらに知識や経験といった情報を処理する能力も高い場合には，メッセージを熟慮することで対象への認知構造が変化する**中心的態度変容**が生じます。その態度は持続的で行動との一貫性が高くなります。一方，動機づけが低い場合，また動機づけは高くても能力が低い場合は，メッセージ内容とは直接関係のない手

がかりによる直感的な判断による**周辺的態度変容**が生じます。その
態度は一時的で行動との一貫性が低くなります。

## ▷ 情報の送り手と受け手

　説得メッセージの送り手の要因のなかで説得効果に関わるのは信
憑性と魅力です。信憑性は，信頼性と専門性から成り立ちます。信
頼性は，この人だったら裏切らないだろうという意図への期待です。
専門性は能力への期待であり，例えば感染症対策を人々に説得する
際に，医学の専門家の発言が力をもつことでも理解できるでしょう。
影響力の武器でいう**権威の原理**によるといえます。

　送り手に対して魅力を感じさせる要因の1つは**好意の原理**です。
影響源としての情報の送り手が外見的に魅力的な場合に受け手が好
意をもつことで，説得を聞き入れてしまいます。それだけでなく，
わたしたちは他者から好意を示されたときに，その相手に好意でお
返しをすることがあります（**好意の返報性**）。送り手が受け手である
自分に対して好意を抱いてくれていると思えば，説得を受け入れる
ことで好意を返すことができるので，説得効果を高めることにつな
がります。恋愛感情を利用して契約を迫るデート商法のような悪質
商法はその好例です。このように，外見上の魅力や好意によってわ
たしたちの行動は大きく左右されることがあります（⇒**第7章**）。

　説得の受け手の側にも，説得効果を変化させる要因が潜んでいま
す。それは一貫性を保とうとする心のはたらきです。説得的コミュ
ニケーションにおいて，行動変容につながる説得を受け入れたり，
逆に反発したりすることもあります。そこには，それまでどのよう
な行動をとっていたかが影響します。それまで繰り返しとってきた
行動と合致していれば受け入れやすく，そうでなければ反発につな
がりやすくなります。行動を繰り返すことで，その行動に関する態

度は強いものとなり，**コミットメント**が生じます。コミットメント
とは，過去に自分がとった行動に縛られ，行動の選択が決まってき
てしまうことを指します（Kiesler, 1971）。**一貫性の原理**が働き，自分
がよく考えて選んだのだという過去の行動に束縛されるのです。

　一貫性の原理で説明される要請技法の例を挙げてみましょう。ま
ず，負担の小さな簡単な依頼をされた状況を想像してみてください。
それくらいだったら引き受けてあげたいと思い，承諾します。しば
らくして，同じような内容でそれよりも負担の大きい依頼をされる
と，それに応じてしまいがちになります。これは**フット・イン・
ザ・ドア技法**（foot-in-the-door technique；Freedman & Fraser, 1966）と
呼ばれます。最初の依頼を承諾することで，自分はそうした依頼に
協力したという認識に縛られてしまうのです。次に，魅力的な特典
のついた商品の購入を決断した後で，その特典が手違いで得られな
くなってしまったような状況を想像してみてください。その商品の
購入が自分にとって大きな出来事であればあるほど，特典がないに
もかかわらず，とりやめることが難しくなります。これは**ローボー
ル技法**（low-ball procedure；Cialdini et al., 1978）と呼ばれます。はじ
めに好条件を提示し承諾を得た後で，好条件を取り下げたり悪条件
を加えたりしても，自分が下した決定を覆すことが難しくなります。
この技法を意図して使うのは詐欺的です。

　過去の行動と一貫した行動をとることは便利で，それが自分らし
さを育てることにもなります。しかし，それに固執してばかりでは
新しい可能性を自ら閉じてしまうことにもなりかねません。

## 説得への抵抗

　習慣となっている行動を変えようとする際に，変化につながる説
得への抵抗が生じ，導こうとする行動変容の障壁となることがあり

2　人々の考え方を変えていくには　　**177**

ます。行動の変化を求める情報自体が，上述のようにそれまでとっていた行動の自由を失うことにもつながります。**心理的リアクタンス理論**（psychological reactance）によれば，「なるべく選択肢を確保したい」「後悔したくない」など，可能性のある選択肢を確保しようとするために説得への抵抗が生じるようになります（Brehm & Brehm, 1981）。リアクタンスとは，失われそうな自由を確保しようと動機づけられた状態をいいます。行動変容を受け入れるということは，相反する行動への自由が失われることにつながりかねないのです。説得の受け手が「相手は自分を説得しようとしている」と感じとってしまうこと自体，反発につながります。行動変容を促すには，受け手を身構えさせないことが必要となります。

　説得への抵抗の代表的な理論として，**接種理論**（McGuire, 1964）が挙げられます。これはウイルスへの抵抗力（免疫）をつけるためにワクチン（弱いウイルス）を打つ予防接種の発想です。多くの人にとっての自明の理，例えば「自分は振り込め詐欺にあうようなことはない」という素朴な信念に対し，「そうではない。自分に起こりうる」と日頃疑うことがなければ，自明の理に対する突然の攻撃に対して無防備，つまり突然自分の身に起きる振り込め詐欺への免疫がない状態になっているのです。それに対し，日頃，振り込め詐欺の手口や「誰しも被害者になりうる」といった説得情報に接していれば，免疫機能が作動して簡単に説得されないようになります。

# 3　社会を動かす方向を考える

### 社会を動かす最初のステップ

　さて，地球規模の例でも考えてみましょう。気候危機への対処の

1つとして省エネ行動が必要といわれています。皆さんは普段，環境について身近な人と話題にしますか。また周囲の人たちは環境に関心をもっていると思いますか。「他の人は関心がなさそうだけれど，わたしはやっているほうだ」という**自己奉仕バイアス**（➡第6章）が生じているかもしれません。環境問題に限らず，自分はある問題に関心があるけれども，他の人はその関心をもっていないだろうから，あえて自分からは話さないでおこうとすることがないでしょうか。お互いにそう思うことで日常で環境に関する会話をしなくなるとすれば，それは**多元的無知**（➡第9章）が生じています。この状況を乗り越えるには，皆が環境に関心をもっていると思える状態をつくることも有効です。安藤ら（Ando et al., 2019）によれば，大人数のなかで1対1で個々に省エネ行動のアイデアを説得しあうという**説得納得ゲーム**（杉浦，2005）を行うことで，皆が省エネ行動に関心をもち，ゲーム後には省エネ行動を実行しようという意図が高まっていました。皆が関心をもっており，行動を変えることで社会の変化を望んでいるという実績をつくれば，社会を動かす最初のステップを踏み出す可能性が出てきます。

### ▷ 一定の割合の人が動き出すと変わる：限界質量

　多くの人が環境行動を実行するならば，自分も実際にやってみるという人もいるでしょう。ここで，質問です。

> あなた自身，何%の人が実行していたら実行しますか。次の10%刻みのなかから1つ選んでみてください。
>
> 　　　0—10—20—30—40—50—60—70—80—90—100（%）

3　社会を動かす方向を考える　**179**

**表 8-1** 協力の条件と協力意図

| a. 協力する人々の割合（%） | 0 | 10 | 20 | 30 | 40 | 50 | 60 | 70 | 80 | 90 | 100 |
|---|---|---|---|---|---|---|---|---|---|---|---|
| b. 自分も協力する（人数） | 2 | 6 | 8 | 11 | 15 | 24 | 14 | 9 | 6 | 3 | 2 |
| c. 累積 | 2 | 8 | 16 | 27 | 42 | 66 | 80 | 89 | 95 | 98 | 100 |
| c-a | 2 | -2 | -4 | -3 | 2 | 16 | 20 | 19 | 15 | 8 | 0 |

　あなたを含め，このことを架空の 100 人に対して質問したところ，**表 8-1** の結果を得たとします。この表からどれくらいの人が協力したら全体で協力するようになるかを考えてみましょう。

　**表 8-1** の a の行は，全体で最低何% が協力していたら自分も協力するかという質問の選択肢（10% 刻み），b の行はその回答の分布（あなたの回答も含め），c の列はその累積です。一番左の a が 0 というのはだれも協力しなくても協力するという人が 2 人いることを示しています。30% の人が協力するなら自分は協力するという人が 11 人います。このとき，20% の人が協力するなら自分も協力するという 8 人も協力するでしょうし，10% の 6 人も 0% の 2 人も協力するでしょう。つまり，累積（c の行）で見てみると，30% の人が協力するなら自分も協力するという人は 27 人いることになります。27 人は 30%（30 人）に満たないので，結局，自分が期待するだけの人が協力しないので自分も協力しないと思うようになるでしょう。次に 40% のところを見ると，累積で 42 人が 40% の人が協力するなら自分も協力すると考えていることになり，期待を上回る人が協力していることになります（c-a がプラスに転じる）。50%，つまり半数以上が協力するなら自分も協力するという人は 66 人いることになります。このように，**表 8-1** のような場合には，協力する人が 40 人を超えたところで次々と協力する人たちが増えていくことになり

**180**　第 8 章　社会を変える・動かすコミュニケーション

**図 8-3** 限界質量の法則

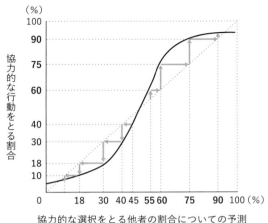

(出所) Schelling, 1978 をもとに作成。

ます。

シェリング (Schelling, 1978) は協力者がある一定割合を上回れば協力する人が増え，逆にそれを下回れば協力する人が減少する現象を説明しています。協力者が増えるか減るかの境界を**限界質量** (critical mass) といいます。

**図 8-3** では，55% の人が協力すると予測される場合に 60% の人が実際に協力行動をとっています。60% の人が協力すると予測されるときには 75% の人が協力することを示します。このように限界質量を超えたところでは，協力行動が増えていきます。一方で，45% の協力が期待される場合において実際に協力する人は 40% です。40% が協力する際に協力的な行動をとる割合は 30% となります。このように限界質量を下回るところでは，協力行動は減少していってしまいます。

## 皆が動き出すと変わる

限界質量の法則をもとに考えてみると，多くの人がその行動をとっていれば，自分も実行しようとする割合は高くなるでしょう。多数派への同調，つまり周りの人々への期待に沿うように行動を変化させるのです。多数派から受ける影響には，多くの人々が環境行動を支持する意見を表明したり実行している事実を知り，そこに意味を見出す情報的影響の側面と，単に皆がやっているということから自分も従うという規範的影響の側面があります（Deutsch & Gerard, 1955）。多くの人が実行しているとわかれば，その行動は環境への貢献につながることを確信するようになります。一方で，他の人が皆関心をもっていないと思えば，**沈黙の螺旋理論**（➡第4章）のように，そうした話題を出さなくなります。

環境行動に限らず，皆が関心をもっていることを表明する機会があれば，多くの人が関心をもっているのだから，自分もやってみようという気持ちになるでしょう。多くの人が協力的であることがわかれば，自分も協力的になろうという人が増えていきます。

## 合 意 形 成

社会において市民各々の価値に見合った合意形成を目指そうとするならば，価値観の違いを明らかにし，利害の調整が必要となってきます。人々の多様な価値観をもとに社会的な意思決定を行うには，人々が自分の利害や意見を表明したり，それを合意形成に生かすしくみも重要となるでしょう。

社会的意思決定に関しては，選挙における投票のように個人の**選好**（考え方や価値観）を集約していけば社会全体の動向が決まっていくという**社会的決定図式モデル**（social decision scheme model；Davis, 1973）や，合議による意思決定のモデルが議論されてきています

182　第8章　社会を変える・動かすコミュニケーション

（亀田，1997）。合議による意思決定を重視する討議デモクラシーの考え方によれば，人々がもっている選好を固定的にとらえるのではなく，討議を通じて他者の意見を聴いたり意見を表明したりすることによって1人ひとりが熟慮（deliberation）をし，考えが深まることが重要とされます（Renn et al., 1995）。価値観が多様化する現代社会では，さまざまな立場の人々が集まり，それぞれの利害の主張や調整のための討論の機会も設けられるようになってきています。社会における合意形成の結果が公正であるという**分配的公正**（distributive justice）も重要ですが，次に述べるような，それをどうやって決めるのかというプロセス自体が公正であるという**手続き的公正**（procedural justice）も，社会的意思決定に個々人が満足できるかということにつながる大きな課題となるのです。

▭▷　**アクションリサーチ**

　望ましいと考えられる社会状況を目指し研究者と研究対象者とが共同して展開する社会実践が**アクションリサーチ**です（矢守，2010）。ここでは社会心理学の知見を応用した実践例から，社会を動かすためのプログラムについて考えていきます。

　家庭でのゴミの分別はいまでは当たり前のことですが，「燃えるゴミ」「燃えないゴミ」のような緩いルールのもとでゴミが出されていた時代がありました。資源を有効に活用することが望ましいと思っても，リサイクルのためのしくみがないがゆえに細かい分別は実行できませんでした。そんなとき，地域のボランティアと社会心理学の研究者が共同して，地域で資源分別のプログラムをつくり，地域に定着させました（広瀬，1993）。

　地域で資源の分別回収を行うために行われたアクションを紹介していきます。第1のアクションは，地域でのアンケート調査の実

3　社会を動かす方向を考える　　**183**

施です。アンケート調査は人々の考えや経験などを調べることが主たる目的ですが，調査票に回答することを通じて，そのテーマについてのさまざまな問いにふれ，それを理解しながら自分自身で回答するという行為を通じてその問題にコミットする効果があります。この地域でもアンケート調査を住民に依頼すること自体が，これから始めようとするアクションを知らせ，それについて考えてもらう役割を果たしたのです。「環境保全のために資源の分別は必要なことだと思いますか」という問いに対して，「面倒だな」と思いつつも，建前的には「必要だ」と答えることも想定されます。建前であっても「分別は必要」と回答することで行動実行へのコミットメントになるのです。

　第2のアクションは，アンケートの結果のフィードバックです。（建前であっても）分別は必要だと多くの人が回答したことを住民に知らせることで，近隣の人々は分別に対して肯定的に捉えているのだと認識するに至ります。つまり記述的規範の効果です。

　第3のアクションは，新たに行動を起こすことにかかる最初のコストをなるべく低く設定し，徐々に行動のコストを高くしていったことです。住民が分別回収に参加しやすくするには，環境ボランティアの負担はあるものの，資源の回収箇所を頻繁に，数多く設置することが効果的です。このことにより，住民は資源を出しに行きやすくなります。いったん行動を実行するようになったら，徐々に回収箇所を設置する機会を少なく，数も減らしていきます。このことによって，住民は，自宅で資源を長く保管し，遠くまで運ばなくてはなりません。しかし，環境保全のために重要な行動を実行したことでコミットメントが高まり，負担がかかってもその行動を続けるようになります。負担の少ない行動から開始し，徐々に負担の大きい行動を受け入れていくのは，フット・イン・ザ・ドア技法や

ローボール技法からも解釈することができます。この事例では，以上のようなアクションが有効だったことがデータでも示されました。

　このアクションリサーチの事例での重要な示唆の1つは，新たなしくみを導入するにしてもボランティアが永続的に活動できるわけではなく，最初はボランティアが担っていた負担を徐々に住民の協力に移行させ，最後には行政が分別制度を導入するに至ったということです。資源分別の回収のしくみをアクションリサーチとして導入するとしても，それをその後だれがどう管理するのかが問題となります。他にも，経済的な報酬（ポイントを付与するなど）により人々の行動を変えることはできますが，その報酬をどう持続的に確保するのかまで考える必要があり，現実に変化をもたらすアクションリサーチを研究のためだけに簡単に行うことはできません。何をどこまで行うのかという目標の設定や，その問題の当事者たちと連携しながら信頼関係を築いていくことも不可欠です。こうした発想を活用し，問題を抱えるそれぞれの人たちが，社会心理学の知見を活用して自分たちの問題に対してアクションを起こすことは不可能なことではありません。

　この事例を紹介したのは，資源リサイクルの普及という歴史的な事例を理解することで，今日的な事例に対処するにはどのようなアクションを計画すればよいのか，それを考えてもらうためのヒントにほかなりません。動かすべき社会は何か，どうすれば動かせるのか，考えてみようではありませんか。

### ▷ 社会を動かしてよいのか

　わたしたちは意識していなくても環境に誘導されて行動が変わることがあります。近年，人々の行動を本人や社会にとって望ましい方向に変化させることを目的として，行動経済学における**ナッジ**

（nudge；Thaler & Sunstein, 2008）という手法が使われるようになってきています。ナッジは，選択を禁じることも，経済的なインセンティブを大きく変えることもなく，人々の行動変容を導くような選択肢をデザインすることが意図されています。例えば，カフェテリアで果物を目立ちやすく手に取りやすい位置に並べ，ジャンクフードは目立ちにくいところに置くことにより，健康に配慮した食生活を，命令するような働きかけをすることなく，利用者に促進させることができるというようなことです。適切な環境を設定すれば，人々はとくに意識することなく，考えたり努力したりすることなく，そこで求められる行動をとるようになるというものです。

　ナッジに限らず，強制を伴うことなく，知らず知らずのうちに影響を与えることによって人々の行動を変化させていく技術は，社会を動かしていく手段として有望です。一方で，行動を持続し，対象となる場面以外にも応用するには，1人ひとりがそこで選択する行動の意味を理解し，よく考えて行動することも必要でしょう。一見選択の自由が与えられているように見えても，わたしたちの気づかないところで「選択させられている」という側面もあるからです。社会を望ましい方向に動かすとしても，自分が知らず知らずのうちに動かされている（かもしれない）ことを皆さんはどのように感じますか。社会を動かしているだれかが善良で優秀であったら，任せておけばよいでしょうか。ナッジを提唱したセイラーとサンスティーンは，明らかに望ましい選択肢がある場合に，選択の自由を確保しながら，その望ましい選択肢を選びやすくすることを**リバタリアン・パターナリズム**という概念で説明しています（Thaler & Sunstein, 2008）。ここでリバタリアンとは自由を尊重すること，パターナリズムとは力のある者が立場の弱い者に対して本人の意思は問わずに介入・援助をすることです。弱い立場を守るというのはよ

いことのように聞こえますが，権威を偏重する点で批判の対象にもなります。ここで立ち止まって考えたいのは，望ましい選択肢とは何であるか，ということです。

　本章では「社会を動かす」という大きなテーマについて人々の考えや行動を変化させるという観点から考えてきました。人々の価値観はさまざまなので，さまざまな立場の人々が納得のいくやり方で合意をつくりながら社会を望ましい方向に変えていく必要があるといえます。しかし，偶発的に生じる出来事によって価値観が大きく変わったときに，過去の望ましい価値観が別の評価，つまり失敗だったということにつながることも十分に考えられます。だれも正確に未来を予測することはできません。だからこそ，他人に何が大事かを決めてもらうのではなく，社会の構成員それぞれが主体的によく考えて行動することが大事になってくるでしょう。多元的無知に陥らないためにも，何か変だと思ったら自分の意見を発信することも，社会を望ましい方向に動かしていく際に必要不可欠となるでしょう。

　一度に社会全体を変えていくのは難しいかもしれませんが，身近なコミュニティであれば，動かしていくことも不可能ではありません。そのために社会心理学の知見がどのように活用できるか，考え続けていきましょう。

## Summary　まとめ

　わたしたちの行動は，他の人々がとっている行動に影響を受けますし，自分がとった行動が他の人たちにも影響を与えます。こうした相互の影響によって社会は変化したり変化しなかったりします。社会規範が私たちの社会を閉塞的にさせることもあります。社会が望ましくない状況に陥ってしまっていたら，望ましい方向に変化させようと，

まずだれかが動かなくてはならないでしょう。少数の人たちがそれを主張しているだけでは社会を動かすには十分でないかもしれませんが，社会を変化させる方向で個々の人々が周りの人たちに働きかけていくことで，大きな流れをつくることができる可能性があります。そのためには社会心理学で培われてきた説得的コミュニケーションの知見を活用することができます。一方で，私たちは自由であることを重要な価値として認識しているので，だれかの意思によって社会を変えることに対しては抵抗があります。望ましい方向に社会を動かしていくには，あくまで自由を確保しつつ，何が望ましいのかについて社会的合意形成をはかることや，時代の変化や偶発的な出来事による価値観の変化を見通すことも必要となるでしょう。

### Report assignment　レポート課題

　社会を動かそうというメッセージを具体的に探してみましょう。そのメッセージは，だれがどのように発し，どのような効果をもっているでしょうか。その効果を高めるために，どんな工夫が必要でしょうか。影響力の7つの原理やナッジの手法を用いて政策を考えて提案してみましょう。

### Book guide　読書案内

チャルディーニ, R. B. ／社会行動研究会監訳『影響力の武器——人を動かす七つの原理』新版，誠信書房，2023 年

シェリング，T. ／村井章子訳『ミクロ動機とマイクロ行動』勁草書房，2016 年

セイラー，R.・サンスティーン，C. ／遠藤真美訳『実践 行動経済学——健康，富，幸福への聡明な選択』日経 BP，2009 年

吉川肇子『リスクを考える——「専門家まかせ」からの脱却』筑摩書房，2022 年

**188**　第 8 章　社会を変える・動かすコミュニケーション

# 「だれかのために」
が生まれるとき

向社会的行動

Chapter
第 **9** 章

## Quiz クイズ

目の前に，助けを必要としている人がいます。**a** から **c** のうち，あなたが助けるための行動を最も早くとるのはどの状況だと思いますか。

**a.** 助けを必要としている人と自分の 2 人だけのとき
**b.** 助けを必要としている人と，自分と，その他 1 人の，合計 3 人がいるとき
**c.** 助けを必要としている人と，自分と，その他 4 人の，合計 6 人がいるとき

## Chapter structure 本章の構成

生起要因として
の状況／他者

助けたい
親切な行動

妨害要因として
の状況／他者

向社会的行動

傍観者効果
責任の分散
多元的無知
評価懸念

「助けたい」を逆手にとる詐欺

## Answer クイズの答え

**a.**
困っている人を助けるための行動が実際に生じるまでには，いくつかの段階が存在します。この **Quiz** では，援助が必要な人の周囲にいる人の数が問題となっています。自分以外の人がいると，援助行動が生じるまでに時間がかかったり，援助行動がなされなかったりします。

## Introduction 導入

　本章では，さまざまな観点から，人が他者を助ける背景にある要因について考えていきます。新聞やテレビのニュースで，見ず知らずの他者を助けて周囲から称賛される人を目にすることがあります。一方で，他者を助けようとして亡くなってしまったり，大きな怪我を負ったりする人の話を聞くこともあります。自らの安全を危険にさらしてまで，なぜ（場合によってはまったく見知らぬ）他者を助けようとする人がいるのでしょうか。

　このことについて考えるために，まずは，人が他者を助けるための前提条件について，緊急事態の**援助行動**（helping behavior）を対象に行われた社会心理学の古典的研究を紹介します（**1**節）。そして **2** 節と **3** 節では，より大きな枠組みから，自分ではなく他者のための行動が生まれる理由について考えていきます。人の親切な行為につけ込む詐欺の手口については，**4** 節で紹介します。社会において，困っている他者を助ける行動のサイクルを生み出す重要性についても考えましょう。

# 1 他者を助けるための前提条件
援助行動が生まれるまで

　日常生活において，困っている人を見かけた経験のある人は多いでしょう。道に迷っている人，切符の買い方がわからない外国人旅行者，転んで怪我をして泣いている子どもなど，わたしたちはさまざまな理由から助けが必要と思われる他者に遭遇する機会があります。困っている他者に気づいたとき，あなたはまず何を思うでしょうか。ひとまず周囲の様子をうかがうことから始めるかもしれません。また，声をかけるかどうか悩むかもしれません。困っているように見えるけれど，もし違っていたらどうしようと不安に思った経験もあるのではないでしょうか。そして困っている他者をうまく助けられたら，多くの人は安堵したり，うれしい気持ちになったりします。また，お礼を言われたら，たとえ自分の時間や労力が犠牲になったとしても，助けてよかったという思いはよりいっそう強くなるでしょう。

## 他者を助ける行動に関する用語

　人が他者を助ける行為を指す用語は多くあります。なかでも，向社会的行動（prosocial behavior）は，「他者に利益をもたらす自発的な行動」（Eisenberg et al., 2006）として，比較的広く定義されています。そして向社会的行動のなかでも，自らが犠牲（cost）を負い，他者の福利（welfare）や幸せを高めようとする行動は，利他行動（altruistic behavior）と呼ばれることがあります（Batson & Shaw, 1991；Fehr & Fischbacher, 2003）。向社会的行動や利他行動には，援助（helping），分配（sharing），寄付（donating）などが含まれます

（菊池，2018）。また，2者もしくは集団状況において，他者や集団に利益をもたらす一方で，自分自身は一定の個人的犠牲を負う行動を協力行動（cooperative behavior）と呼ぶこともあります（Rand & Nowak, 2013）。同じ用語でも，研究者や学問分野によって定義が異なるケースもありますが，本章では，参照する研究や文脈に応じて，これらの用語を使い分けながら説明をしていきます。広い意味では，すべて「他者に対する親切な行動」として理解できるでしょう。

## ▷ 緊急事態の援助行動

他者に対する親切な行動について，社会心理学では緊急事態の援助行動を対象とした研究が1960年代に始まりました。ダーリーとラタネ（Darley & Latané, 1968）による一連の実験が行われるきっかけとなったのは，1964年3月13日の深夜，帰宅中の女性が暴漢に襲われ命を落とすという事件でした。ニューヨークで発生したこの事件では，当初38名もの目撃者がいたにもかかわらず，30分間，だれも警察を呼んだり助けに行ったりしなかったとされました（のちに，実際はそれほど多くの目撃者がいなかったことや，目撃者は叫び声を上げたり警察に通報したりしていたことが判明しています）。新聞等のメディアは，都市部の人たちの冷たく希薄な人間関係を責め立てました。ただしダーリーはそのようには考えず，特定の状況が他者を助けるための行動を阻害する，すなわち**傍観者効果**（bystander effect）を引き起こすのではないかと考え，数々の実験を行いました。ここではそのうちの1つを紹介します。

ダーリーとラタネは，2名，3名，6名のいずれかからなる集団で話し合いをする場面を設定しました。参加者はそれぞれ別室に通され，マイクを通して1名ずつ順番に発言をするように指示されます。ただし，じつはどの条件でも，真の実験参加者は1名のみ

で，真の実験参加者以外の発言は，すべて事前に録音された内容を再生したものでした。話し合い開始後しばらくすると，突然参加者（実験協力者）の 1 人が発作を起こし，マイクを通して助けを求めます。各条件の，真の実験者による緊急事態であることの報告率と援助行動を行うまでにかかった時間が測定されました。計測時間は 6 分とし，援助行動がないまま 6 分経過した場合はそこで実験終了としました。得られたデータを分析した結果，自分と助けを求める参加者だけからなる 2 名条件では，全員が緊急事態であることを報告し，援助までのスピードも短いことがわかりました。一方で，自分と助けを求める参加者の他に 4 名が実験に参加していると思わされた 6 名条件では，緊急事態であることの報告率が 62% と最も低く，かつ援助までにかかった時間も 2 名条件の 3 倍以上でした。緊急事態であることの報告は，どの条件でも発作の発生から 3 分経過後までになされており，3 分経過後に報告をした参加者は 1 人もいませんでした。このことから，援助行動発生までの時間を 6 分以上計測したとしても，新たな報告はほとんど期待できないだろうとダーリーとラタネは述べています。

　以上のように，ダーリーとラタネの研究結果は，援助を求めている人の周囲に存在する他者が多くなるほど，援助行動の発生率が低下し，援助までの時間も長くかかることを示しました。周囲に複数の他者が存在することで，その状況に対して個人が感じる責任が低減することを**責任の分散**（diffusion of responsibility）と呼びます。冒頭の **Quiz** では，この状況を扱いました。

### ▷　援助行動が起こるまで：5 段階のプロセス

　ラタネとダーリー（Latané & Darley, 1970）は研究結果を踏まえ，援助行動が実際になされるまでのプロセスを 5 段階で説明しまし

1　他者を助けるための前提条件　　**193**

た。第1段階は，何かが起こっていることへの気づきです。周囲に人が多すぎたり，考えごとなどをしていてその場面に注意が向かなかったりする事態が生じると，援助行動にはつながりません。第2段階は，その状況が緊急事態であるとの認識です。周囲の人はさほど気にしていないようだから大丈夫だろうと，その場にいる多くの人が考えてしまう**多元的無知**（pluralistic ignorance）は，この段階で援助行動の抑制を引き起こします。次に第3段階として，自らが援助者として行動する責任を負うか否かの判断があります。ここで，例えば周囲に多くの人がいると，自分以外のだれかが助けるだろうと考えてしまうような責任の分散が生じえます。責任を負うと決めた後は，第4段階として援助の方法を決めます。援助をするための知識やスキルがない場合，援助行動は起こりません。そして第5段階として，ようやく実際に援助を行うかどうかの決断をします。ただしこの段階でも，もし助けられなかったらどうしようという**評価懸念**（evaluation apprehension）や，約束に間に合わなくなってしまうからといった個人的事情によって援助行動に至らないケースもあります。この5段階モデルは，実際に援助行動が生起するためには複数のハードルを越える必要があることを示唆しています。

　ダーリーやラタネによる一連の傍観者効果に関する研究は，なぜ人は困っている他者を助け（られ）ないのか，あるいは，困っている他者を助けるまでに，人はどのような段階を踏むのか，という視点に基づくものでした。しかし，本章の冒頭でもふれたように，人は時に自分の身を挺してまで，見知らぬ他者を助けることもあります。人が他者を助けることの理由を考えるためには，古典的な社会心理学研究が注目してきた，ある特定の状況で発生する行動の，すぐ背後にある要因に基づく理解だけではなく，より時間軸的に長い視点からも理解を深める必要があるでしょう。人の利他行動や協力

行動を研究する学問分野は，社会心理学のみではなく，行動経済学や発達心理学，進化生物学など多岐にわたります。

## 2 「だれかのために」が生まれる背景①
### 至近要因からの理解

　動物行動学者のティンバーゲン（Tinbergen, 1963）は，人に限らず，動物の行動一般を理解するために重要となる視点について整理しました。この視点は，時間軸的に短い**至近要因**と，長い**究極要因**に分けることができます。この節では至近要因について説明します。

　至近要因には，何がきっかけとなってその行動が生起するのかという因果関係（メカニズム）に注目する視点と，その行動が個体の一生のなかでどのような経験や学習を通して獲得されるのかという発達的な視点の2つがあります。先に紹介したダーリーとラタネの研究や，多くの社会心理学的な研究は，至近要因のなかでも，とくに前者の因果関係（緊急事態における援助行動［結果］が生じるための条件［原因］を明らかにすること）に注目する視点に基づいて，人の行動を理解してきたといえます。

> **援助行動を引き出す背景要因**

　因果関係に注目する視点で考えると，援助行動が生じる背後には，じつにさまざまな要因があります。状況要因としては，緊急性の高さや，ダーリーとラタネが示したような，周囲にいる人の数などが考えられます。また，被援助者（助けられる人）の個人的特徴に注目するとしたら，女性や子ども，高齢者など，身体的に弱く保護が必要とされる人たちや，援助者の家族や親友など，仲間とされる人たちは，より援助を受けやすくなります（Erlandsson et al., 2023 な

ど）。外国で日本人旅行者が困っていたら，同じ日本人だからという理由で助けてあげるといったことも，仲間意識によると考えられます。さらに，文化・社会的要因としては，困っている人に対して親切にふるまうことに関わる規範や，家庭や学校での教育が，実際に援助行動を行うかどうかに影響するでしょう。

### 他者への親切な行動のめばえ

次に，発達的視点に基づくと，他者への親切なふるまいが，赤ちゃんから大人へと人が成長する過程のいつ頃から観察できるようになるのかを理解することに主眼がおかれます。例えば，善悪の判断や，悪い行為に対する処罰への期待と関連する道徳観や正義感は，他者への親切なふるまいが生じる上で重要な役割を果たしていると考えられます。

いつ頃から道徳観や正義感が観察できるのかを調べるために，生後6カ月の赤ちゃんに対して，坂道を上ろうとしている図形と，それを助けたり邪魔したりするもう1つの図形（それぞれ三角や丸の形をした，目がついている擬人化されたキャラクター）が登場するアニメーション劇を見せる実験が行われました（Kuhlmeier et al., 2003 ; Hamlin et al., 2007）。劇を見せた後，トレーの上に助けた図形，邪魔した図形を置いて赤ちゃんに呈示したところ，赤ちゃんは助けた図形をより手に取りました。追加実験も行われ，赤ちゃんは親切な図形を好むと同時に，意地悪な図形に反感をもつことも示されました。また，別の実験では，生後5カ月から8カ月の間のどこかの時点で，赤ちゃんは意地悪なものに対して罰を与える第三者（実験では動物の人形が使われました）を好むようになることも示唆されています（Hamlin & Wynn, 2011）。発達的視点からの検討を通して，人には，言葉を話せない乳児の段階から，他者への親切なふるまいを生み出

**196**　第9章　「だれかのために」が生まれるとき

すために必要とされる道徳観や正義感が備わっていることがわかっ
てきています。

### ▷ 「助けたい」を生み出す共感

　他者を助けようとする動機的な部分（気持ち）に関わる個人の特
徴として，共感（empathy）の重要性が指摘されています。共感と
は，他者が感じている喜びや悲しみ，苦しみや怒りなどを，同じよ
うに感じ，理解することをいいます。**共感─利他性仮説**（empathy-
altruism hypothesis；Batson, 2011）では，助けが必要な他者に対する
共感こそが利他的な動機を生み出し，見返りのない援助行動につな
がると説明しています。自然災害などの被害にあった人たちへの寄
付行動は，苦しんでいる他者を想像し共感することで利他的な動機
が高まる結果とも考えられます。

　他者に共感することは，自分を他者に重ね合わせることではあり
ますが，自分が他者になりきってしまうわけではありません。あく
まで，自分の視点から他者を理解することが必要になります。だか
らこそ，困っている他者に同情し，何か手助けをしたいという気持
ちが生まれます。このように，自分の視点から他者の心の状態や考
えを推測，理解することを「**心の理論**（theory of mind）をもってい
る」といいます（Premack & Woodruff, 1978）。

　心の理論をもっているかどうかは，誤信念課題を通して確かめら
れます。**図 9-1** は，誤信念課題の 1 つである「サリー・アン課題」
です（Baron-Cohen et al., 1985）。サリーは，自分のビー玉を自分のカ
ゴの中に入れてその場を立ち去ります。サリーが立ち去った後，ア
ンはサリーのビー玉をサリーのカゴから自分の箱に入れます。この
状況まで説明して「サリーが帰ってきて，自分のビー玉で遊ぶため
に最初に探す場所はどこだと思いますか？」と質問します。質問さ

2　「だれかのために」が生まれる背景①　　**197**

**図 9-1** サリー・アン課題

れる人は，ビー玉がサリーのカゴからアンの箱に移動されていることを知っています。しかしサリーはそのことを知りません。ですから，正解は「サリーのカゴの中」になります（サリーの「誤った信念」に気づけるかどうかを問う形になっています）。3～4歳ではこの誤信念課題にはほとんど正答できず，「アンの箱の中」などと回答し

ます。しかし 4 〜 7 歳になると，正答率がかなり上昇することがわかっています（子安・木下，1997 ; Wimmer & Perner, 1983）。小学校に入学する頃には，多くの子どもたちが，相手の心の様子や信念を自分の視点を失うことなく理解するようになるということです。また，そのような他者を理解する力が，共感，そして実質的な利他行動につながっていくと考えられます。

## 3 「だれかのために」が生まれる背景②
究極要因からの理解

さて，人の利他行動を理解するためには，至近要因のみではなく，時間軸的に長い視点，すなわち究極要因からの検討も重要になってきます。究極要因は，その行動をとる（例えば，困っている他者を助ける）ことでどのような生存上・繁殖上の利点があるのか，という機能（適応）的な視点と，その行動がなぜ，どのように進化してきたのかについて，他の種との比較などを通して理解する視点の 2 つに分けられます。ここからは，人以外の動物が，他個体を助けるときの特徴にもふれながら，人の利他行動について理解を深めます。

▷ **困ったときはお互いさま：互恵的利他主義**

まずは，機能的視点から利他行動について考えてみましょう。助けることで，時間やお金，労力など，一時的に自分の資源を消費したとしても，助けた人から後で「お返し」をもらえることがあります。自分が困ったときに助けてくれた人が別の場面で困っている様子を見て，この前助けてもらったからといって手を差し伸べた経験がある人もいるのではないでしょうか。このように，過去に助けてあげた人から，今度は自分が助けてもらえる，つまり見返りが期待

できる状況で利他的にふるまうことを**互恵的利他主義**（reciprocal altruism；Trivers, 1971）といいます。繰り返しのある2者間の囚人のジレンマゲーム（➡第4章）でも，相手が協力的にふるまえば，自分も同様に協力的にふるまうという互恵的な選択によって，利益がもたらされることが示されています（Axelrod, 1984）。

互恵的利他主義は，人以外の動物でも見られます。カーターとウィルキンソン（Carter & Wilkinson, 2013）は，チスイコウモリの群れを飼育し，個体同士が血を分けあう行動を観察しました。チスイコウモリは血液のみを食料とし，70時間絶食すると死んでしまいます。実験では群れの中から1個体を隔離して24時間絶食させ，また群れに戻した後に，他の個体がすでに摂取している血を吐き戻して分け与える場面を記録しました。どのような関係性の2個体が，助けたり，助けられたりしているのかを調べたのです。すると，とくにメス同士において，2個体が血縁関係にあるかどうかや，過去に毛づくろいをしあったかどうかよりも，過去に血を分け与えたことのある個体から血を分け与えられるケースが多く観察されたのです。また，血を分け与えなかった個体は，自分が飢餓状態になったときに他個体から助けてもらえないことも示されました。親切には恩で報いる一方，フリーライダーを許さないことで，互恵的利他主義がより効果的に機能すると考えられます。

助ける余裕があるときに相手に恩を売っておくことは，のちに自分にとっても有利に働きます。**図9-2**は，満腹時を100としたチスイコウモリの体重と，餓死するまでに残された時間の関係性を示しています。図のC→Dの部分（A）と，E→F（B）の部分はいずれもその時点から満腹時体重の5%が失われた状態です。Cの時点で血を他個体に分け与えると，餓死するまでの時間が約7時間縮まります。一方，同量の血液をFの時点で分け与えてもらえると，

**図 9-2** チスイコウモリの体重と餓死するまでの時間の関係

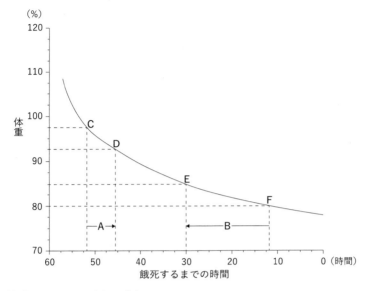

（出所）Wilkinson, 1984 をもとに作成。

餓死するまでに約 18 時間の猶予が生まれます。つまり，満腹時に助けておくことは，自分のコスト以上に，相手に利益をもたらすのです。同時に，のちのち自分が飢餓状態に陥って困ったときに，保険のように機能します。わたしたち人間の社会でも，互恵的利他主義による**直接互恵性**（direct reciprocity）のある行動は多くの場面でうまく機能していることが想像できます。

▷ **情けは人のためならず：間接互恵性**

　直接互恵的な観点からの利他性は，繰り返しコミュニケーションをとる相手に対する親切なふるまいをうまく説明します。しかし，困っている他者を助ける場面を改めて想像してみると，初対面の相

手や，今後接触する機会がないような相手を助けるケースも多々あります。新聞やニュースで報道される利他的な行動の多くは，いわゆる「見知らぬ他者」に対してなされているようにも思われます。つまり，直接的な互恵性が存在しない，もしくは今後も成立しないと考えられる他者に対しても，人は利他的にふるまうケースがあるのです。

　初対面の相手や，今後関わりがなさそうな相手に対しての利他行動や協力行動は，**間接互恵性**（indirect reciprocity）の観点から理解が進んでいます。間接互恵性とは，他者に対する親切な行動に対するお返しが，助けたり協力したりした本人からではなく，別の第三者から与えられるしくみのことです（Nowak & Sigmund, 2005）。あなたがAさんを助けている場面を見たBさんや，そのときの様子をBさんから伝えられたCさんが，のちにあなたが困っているときに親切にしてくれるような状況です。そしてこの間接互恵性こそが，わたしたち人間に特有の「なぜ困った人を助けるのか」に対する答えではないかと考えられています。

　間接互恵性が集団や社会全体にとってうまく機能するためには，利他的にふるまう人たちが多い状況を維持する必要があります。互恵的利他主義における状況であれば，お互いがお互いのふるまいを記憶し，恩には恩で報い，フリーライダーには親切にしないでおけばいいだけです。しかし，あまりやりとりがないような人たちも存在する状況では，このやり方はうまくいきません。親切を受け取るだけで自分からは与えないフリーライダーが集団内に増えてくると，利他的な人たちは奪われる一方になります。すると最終的には，集団内が利己的な人たちばかりになってしまい，長期的に見ると集団に利益をもたらす利他的な人たちがいなくなるかもしれません。

## ▷ 評判の重要性

　このような状況を防ぐために重要なのが評判情報の共有です。人は，言葉を使って，複雑な情報を他者に伝達できます。途中で少し情報が間違ったり，誇張されたりする可能性はあるものの，伝言ゲームのような伝達も可能です。つまり，直接は知らない他者の間で，知らず知らずのうちに同じ情報が共有されているという状況が生じえます。極端な例にはなりますが，助けてあげたAさんからはおせっかいな親切だと思われたとしても，それを見ていたBさんや，そのことを伝え聞かされたCさんからは，「親切な人だ」という評価がなされることもあるでしょう。他者に親切にふるまうことが，単純な2者関係での評価にとどまらず，第三者からのよい評判につながる場合があるのです。そして第三者によって共有されるよい評判は，のちの自分に対する他者からの親切なふるまいを引き出すでしょう。評判情報を利用できるシステムの存在が，集団内での利他行動の維持に寄与することは，実験的検討からも明らかになっています（Milinski et al., 2002）。

　ここまでで，他者に対する親切なふるまいが生じる理由について考えてきましたが，人の利他性や協力行動に関しては，現在も多くの研究者が研究を進めているところです。そして，これまでとは違う観点からの説明や，利他行動を生み出すとされる共感性とは一見相容れないような個人的特徴と利他性との関係も明らかになりつつあります。例えば集団全体で他者の評判情報が共有されていなくても，間接互恵的なやりとりがうまく機能することを示した研究などがあります（Fujimoto & Ohtsuki, 2023）。また，ここで紹介した内容のなかには，一見矛盾するような知見があるかもしれません。例えば緊急時の援助行動は，評価懸念によって抑制されると説明しましたが，間接互恵性の成立には評判情報が重要な役割を果たしている

ことも紹介しました。この2つの情報から，評判が重要なのであれば，人は評価懸念など考えずに，困っている他者に対して援助行動をとるほうがいいのではないかという疑問が生じるかもしれません。人が他者を助ける理由はなぜなのかということについては，今後もさまざまな学術分野から検討がなされ，このような矛盾を適切に説明する知見の整理が進むことが期待されます。

## 4 「助けたい」を逆手にとるさまざまな詐欺

わたしたち人には，これまでに説明してきたとおり，他者に親切にする心のしくみが備わっていると考えられます。しかし近年，この心のしくみを逆手にとるような詐欺が増加しています。とくにオンラインでの情報共有が一般的になってきた昨今，匿名性の高さなども相まって，さまざまな詐欺が報告されています。例えばロマンス詐欺は，SNSなどを通してやりとりがスタートし，恋愛関係になることや結婚をほのめかしつつ，援助や投資を依頼します。また，近年ではクラウドファンディング詐欺も発生しています。ペットの治療費などと言って資金を募りますが，じつはそのような事実はなく，寄付金を集めたまま音信不通になるとか，その後の経緯を十分説明しないことで詐欺が判明します。このような詐欺は，利他的にふるまった人たちに不信感をもたらし，本当に援助を必要としている人に対する資金が届かなくなることにもつながるでしょう。

なお，オンライン場面では詐欺行為に関する被害の情報が目立つものの，オンラインを通じた利他行動も多く行われています。オンラインショッピングサイトの口コミや，質問や相談への回答などは，とくに見返りがない状況でも積極的になされ，多くの情報が蓄積さ

れています。また，フリーライダーが一定数存在したとしても，お
おむね安定的に上述したような利他行動が行われています。その背
景には，①「困ったときはお互いさま」というような一般的な互恵
性への期待，②オンライン・コミュニティに対する愛着，③共感か
ら生まれる関心，④自分の評判を高めたいという欲求，⑤自己効力
感，⑥資源提供自体を楽しみとする自己完結性，が想定されていま
す（Wallace, 1999）。

## Summary　まとめ

　本章では，他者に対する親切なふるまいがどのように，なぜ生まれ
るのかについて，さまざまな観点から説明してきました。まず，他者
を助けるという行為には，さまざまな要因（援助者・被援助者の特徴，
状況要因，社会・文化的要因など）が存在します。また，他者に対す
る親切なふるまいには，乳児の頃から観察できる，親切なものに対す
る肯定的反応，親切ではないものに対する否定的反応や罰の期待，他
者の心の様子を自分の視点から感じ，理解する力なども関わっている
と考えられます。そして，繰り返しコミュニケーションを行う相手に
は直接互恵的な，見ず知らずの相手に対しては間接互恵的なしくみの
もと，「他者に対する親切なふるまい」が生じるといえそうです。自
分だけが人に与え続けて資源が枯渇するといったことにならないよう
に，信頼のできる相手やフリーライダーを検知するようなしくみとし
て，評判情報の共有が機能している可能性が高いということです。

　近年増加の一途をたどる，主にはオンラインで行われる悪質な詐欺
を極力減らすために，わたしたちに何ができるでしょうか。1つは，
評判に関わる信頼できる情報を積極的に発信，受信，共有することで
しょう。詐欺のプラットフォームとして使われるような場所（オンラ
インサービスなど）では，そのような情報を積極的に増やし流通させ
る必要があると考えられます。例えばオークションサイトなどでは，
評判情報が開示されています。そのような情報を見極めながら，取引

相手が信用に値する人物かどうかを慎重に判断することが重要になります。長期的に個人・集団・社会にとって利益をもたらす，他者に対する親切なふるまいのサイクルがうまく回り続けるようなしくみを，わたしたちは今後も継続して考えていく必要があるでしょう。


### Report assignment　レポート課題

　これまでに，①自分が緊急の援助を必要とする状況に陥ったとき，または，②だれかに対する緊急の援助を必要とする状況が自分の近くで発生したとき，のいずれかを思い出してください。そのときの様子を，ラタネとダーリーによる援助行動が起こるまでの5段階のプロセスに照らし合わせて整理してみましょう。5段階のプロセスのどこかでストップして，援助行動が生じなかった場合，具体的にどのような障害があったのか，また，次の段階に進むためには，何が必要だったか，考えてみてください。そして5つのうちのどの段階が，実際の援助行動の生起にとって最も重要だと思われるか，あなたの考えを説得的に述べてください（正解はありません）。緊急事態の援助行動を生じやすくさせる社会のシステムや制度などについてもアイデアを出してみましょう。


### Book guide　読書案内

亀田達也・村田光二『複雑さに挑む社会心理学——適応エージェントとしての人間』改訂版，有斐閣，2010 年

五百部裕・小田亮編『心と行動の進化を探る——人間行動進化学入門』朝倉書店，2013 年

# チームや組織が
# 活性化するために

第 10 章 Chapter

集団意思決定とリーダーシップ

## Quiz クイズ

ロッククライミングに情熱を注いでいる男性が，妊娠中の妻を顧みずに危険なロッククライミングを続けるか，あきらめるかの選択を迫られています。安全性が何% 保証されていたら，あなたはこの男性に，ロッククライミングを続ける選択を推奨しますか。

この問いに対する回答を，5 人からなる集団が話し合って決めようとしています。5 人の話し合い前の意見分布は，それぞれ 20%，40%，65%，80%，95% でした。話し合い後の集団の決定はどのようなものになりやすいでしょうか。

**a.** 50%（より危険な選択）　　**b.** 60%（個人の意見分布の平均）
**c.** 70%（より無難な選択）

## Chapter structure　本章の構成

規範的影響
隠れたプロフィール
メンバー間の調整
多数派と少数派

集団意思決定
挑戦
リスキーシフト
コーシャスシフト
責任の分散

共有情報化

チーム，組織
が活性化
メンバーの満足
パフォーマンス
向上
創造性
イノベーション
協力関係

集団の種類・目標
メンバーとの関係性
動機づけ
心理的安全性

リーダーシップ
リーダーの特性
リーダーシップ行動
フォロワーシップ

## Answer クイズの答え

**c.**
集団で話し合いをすると，メンバーによる事前の意見の偏りが，個人の意見分布の平均よりも極端な形となって集団の最終的な決定に反映されることがあります。

## Introduction 導入

　本章では，チームや組織などの集団で活動する際の人の行動の特徴や，観察される現象について考えていきます。チームや組織など，複数の人たちからなる集団に所属すると，1人では成し遂げられないことに挑戦する機会を得られます。一方で，メンバー間の調整が必要な問題も出てきます。1節では，複数名で1つの結論を出さなければならない状況で生じる典型的な現象をいくつか扱います。続く2節では，事前にすべてのメンバーが知っている情報のほうが，1人だけが知っている情報よりも集団の話し合い場面で言及されやすい問題について説明します。そして，3節では，階層構造をもつ集団，すなわち組織化された集団で生じる，意思決定に対するメンバー間での影響力の違いや，リーダーシップ研究の歴史について紹介します。そして，さまざまな立場のメンバーがチームや組織のなかでそれぞれ力を発揮するために重要な要素について，4節にて紹介します。

---

## 1 皆で何かを決めること
### 集団意思決定

　複数の人たちの間で1つの結論を出すことを**集団意思決定**（group decision making）といいます。学校や部活，サークル，会社，地域

208　第 10 章　チームや組織が活性化するために

活動など，多くの人が集団意思決定に関わる経験をしたことがあるのではないでしょうか。集団意思決定には，集団内のだれか1人が独断で決める方式，少数の役員等によって決める方式，多数決で決める方式，あらかじめ決めておいた数を超える賛成を得たものが集団の決定となる方式など，さまざまあります。本章では，話し合いを通して，全員一致で集団としての結論を出すような場面を対象として説明を進めます。

話し合いは集団による合意形成のプロセスともいえます（⇒第8章）。話し合いを経て皆で決めたことは，多くの場合，その集団に所属する人たちの総意とされ，のちの集団運営や活動に反映されます。チームや組織に欠かせない，複数名による話し合いのプロセスにはどのような特徴があるのでしょうか。

▷ **集団意思決定は偏りやすい：リスキーシフトとコーシャスシフト**

個人による決定と集団による決定の違いを調べるために，ウォーラックら（Wallach et al, 1962）は大学生を対象に実験を行いました。実験では，以下のような文章と問いを12種類用意しました。

> 伝統的なライバル校とのフットボールの試合，残り時間数秒のタイミングで，チームのキャプテンは，①同点になることがほぼ確実なプレイか，②成功すれば確実な勝利につながり，失敗すれば確実な敗北につながる，よりリスキーなプレイかを選択する必要があります。あなたは，成功確率が何％であれば，よりリスキーな②を選択しますか？ 1つ選択してください。
>
> 10％　30％　50％　70％　90％　100％（リスキーな選択はしない）

12種類の文章はいずれも，うまくいけば②のほうが①よりも望ましい結果であるものの，失敗すると①よりも望ましくない結果を

1　皆で何かを決めること　**209**

招く形で構成されていました。そして，失敗のリスクを許容する程度が問いとして示されていました。実験群では，同性からなる 6 名の集団（合計 28 集団）が，まず個人で 12 種類の文章を読んで質問に回答します。その後，6 名で話し合いをし，集団としての決定をそれぞれの質問に対して出すよう指示されました。話し合い終了後，1 名ずつに分かれて，個人としての決定を再度行いました。そして 2〜6 週間後に，もう一度，同じ質問に対する個人の回答を提出してもらいました。統制群では，別の 51 名の参加者たちが，個人で回答をした 1 週間後に，もう一度同じ質問に対して個人の回答を提出しました。

　実験の結果，①集団決定は，話し合い前の個人決定よりも大きなリスク・テイキングを示すこと，②話し合い後の個人決定も，集団決定と同様の大きなリスク・テイキングを示すこと，③話し合いのプロセスで生じたリスク・テイキングの増加は，その後 2〜6 週間が経過した後も維持されること，④統制群では，1 回目と 2 回目の個人決定でリスク・テイキングの程度に変化は生じないこと，などが示されました。このように，集団による話し合いを通して，個人決定よりリスクの高い決定がなされることを**リスキーシフト**（risky shift）といいます。ただし集団で話し合いをしたからといって常にリスクの高い決定につながるわけではありません。当初は，集団決定が個人決定よりも総じてリスキーなものになるという理解がされていました。しかしその後の研究から，話し合い前の集団メンバーの意見分布しだいで，より無難な方向へのシフト（**コーシャスシフト**：cautious shift）もなされることがわかりました（Moscovici & Zavalloni, 1969 など）。

### 話し合いが多数派の意見をより極端にする：集団極化

　ウォーラックらの研究で使われた文章は，リスクをとるほうが，より魅力的な結果を得られるという形に設定されていました。そのため，事前の個人決定の時点で，全体としてリスクをとる方向に選択が偏っていました。集団での話し合いを通してその傾向はさらに先鋭化し，最終決定に反映されたのです（リスキーシフト）。一方，冒頭の **Quiz** のように，事前の個人決定の時点で多数派が無難な選択のほうに偏るような質問を用意すると，話し合いを通して個人決定の平均よりもさらに無難な集団決定がなされる（コーシャスシフト）可能性が高くなります（Fraser et al., 1971）。つまり，話し合い前の集団内の多数派の意見が，話し合いを通してより極端になり，集団決定に反映されるのです。これを**集団極化**（group polarization）といいます。

　集団極化が起こる背景については，いくつかの可能性が指摘されています。例えば，リスキーシフトを扱った研究では，**第9章**でもふれられた**責任の分散**による影響が示されています（Wallach et al., 1964）。自分1人で決める場合は，失敗するとその責任をすべて自分で負わなければいけません。しかし集団で決めたということになれば，失敗の責任を1人で負わずにすみます。その結果，よりリスキーな決定に至りやすくなるのです。その他にも，**第3章**で紹介された同調実験のように，**情報的影響**を受け，多数派の方向に意見を変容させるメンバーが出ることが集団極化につながる場合もあります（Myers & Lamm, 1976）。また，集団のまとまりが強く，その集団と自分を重ね合わせている程度（同一視）が強いほど，**規範的影響**による多数派への同調が起こり，集団極化を生み出すこともあるでしょう。

### 少数派が影響力をもつには

　多数派の意見が集団決定に反映されやすいとなると，少数派が集団内で影響力をもつには困難が伴うことが想像できます。しかし，チームや組織を成功に導く革新的なアイデアは，多数派が思いつかないものだからこそ革新的であるともいえます。多くの人たちの合意で決めたと思われる方策が，時に失敗につながることもあります。チームや組織が成長，発展するためには，少数派の意見が集団意思決定に反映される機会も必要となるでしょう。

　少数派の意見が集団決定に影響を与える上でいくつか重要な要素があることがわかっています。まず，論理的な整合性や一貫した主張は，少数派の意見が集団決定に反映される可能性を高めることが示されています（Moscovici et al, 1969；Wood et al., 1994）。また，多数派と少数派の双方が歩み寄れる折衷案を見出そうとすることも有効であるとされています（Nemeth, 1986）。そして，少数派のメンバーが多数派のメンバーと共通の属性（例えば，同じ出身地，同じ趣味など）をもっている場合も，意見交換の機会を増やし，それがその後の集団意思決定に影響を与える可能性につながるとされています（Maass et al., 1982）。少数派である自分の意見を少しでも集団決定に反映させたい場合は，これらの要素を意識しながら話し合いを進めてみるとよいかもしれません。

## 2　集団意思決定における情報共有の重要性

　集団による話し合いでは，自分が知らない情報を別のだれかが知っているとか，よりよい決定をするために重要となる情報を集団のなかの1人だけが知っているといったことがよくあります。例

えばサークルの合宿先を役員会議で決めようとするとき，駅からの距離が相対的に近いからという理由で多数のメンバーが合宿所Aを候補として推したとします。じつは駅から合宿所Aに向かう道路状況はあまりよくなく，到着までに時間がかかる上に立地も不便です。このことを唯一知っているメンバーが話し合い中に発言しなかったとしたら，決定に影響しうる重要情報は話し合い中に話題に上らないことになります。そしておそらく，行き先は合宿所Aに決まるでしょう。集団は，よりよい選択の機会を逃してしまったことになります。

### ▷ 隠れたプロフィール

　ステイサーとタイタス（Stasser & Titus, 1985）は，正しい決定をするために重要な情報が特定の集団メンバーにしか知られていない場合，その情報が話し合い中に話題に上りにくくなることを，**隠れたプロフィール**（hidden profile）と定義し，実験でそれを示しました。

　4名集団からなる実験参加者たちは，生徒会の候補者3名（A，B，C）のなかから，最も優れた1名を話し合いで選ぶように指示されます。各候補者に関するポジティブ，ニュートラル，ネガティブ情報が合計16個（3人分で合計48個）用意されており，それらすべての情報を総合的に判断すると，ポジティブ情報の数が最も多いAを選択することが正答となる課題でした。

　「共有条件」では，話し合い前に48個すべての情報が4人の参加者全員に同じように配分されました。一方「非共有条件」では，配分される情報の一部に，4人の参加者のうち1人だけが知っていて，他の参加者には共有されていない情報が設定されました（それぞれの候補者のポジティブ，ニュートラル，ネガティブ情報数の内訳は**表10-1**の共有条件を参照）。

2　集団意思決定における情報共有の重要性　　**213**

**表 10-1** 話し合い前に各参加者が受け取った情報数と情報価の内訳 ————

| 条件と情報価 | 候補者 | | |
|---|---|---|---|
| | A | B | C |
| **共有条件** | | | |
| ポジティブ | 8 | 4 | 4 |
| ニュートラル | 4 | 8 | 8 |
| ネガティブ | 4 | 4 | 4 |
| **非共有条件** | | | |
| ポジティブ | 2 | 4 | 1 |
| ニュートラル | 4 | 5 | 8 |
| ネガティブ | 4 | 1 | 1 |

（注）下線太字は非共有情報の操作が行われた箇所を示す。例えば，候補者Bのニュートラル情報8個のうち，4個は4人全員で共有し，残り4個は4人にそれぞれ1個ずつ異なる情報を分散して提供。つまり各参加者がそれぞれ計5個（共有情報4個＋非共有情報1個）ずつ保持していることになる。

（出所）Stasser & Titus, 1985 をもとに作成。

非共有条件における情報配分の仕方について詳しく説明します。この条件では，3名の候補者に関する各16個の情報のうち10個ずつ，合計30個の情報が事前に4人の参加者それぞれに対して提供されます。そのうち，Aのポジティブ情報8個すべてと，Bのニュートラル情報4個とネガティブ情報4個，Cのポジティブ情報4個とネガティブ情報4個は，4人のうち1人だけが保持しているという（非共有）状態になっています。正しい選択をするために重要となるポジティブ情報に注目すると，Aの8個は（4人の参加者に異なる情報がそれぞれ2個ずつ配分されたため）すべてが非共有，Bの4個はすべて共有（4人とも同一情報を保持），Cの4個は（4人に異なる情報がそれぞれ1個ずつ配分されたため）すべてが非共有という形になっています。集団全体としては共有条件と同じ48個の情報が提供されているものの，非共有条件で各参加者が自分に配られた情報のみに基づいて判断すると，候補者Aではなく Bを最も優れた人物であると選択しやすくなっていました。

情報提供の際は，いずれの条件でも，「一般的な話し合い場面同様，4人それぞれが持っている情報が異なる可能性がある」と教示

しました。候補者に関する情報が記載された紙は回収され，話し合い中には参照できません。参加者は提供された情報に基づいてまずは個人決定をした後，集団での話し合いに参加しました。

話し合い後の集団決定の正答率を条件間で比較すると，共有条件では全体の 83% が候補者 A を選んだのに対して，非共有条件では 24% しか候補者 A を選びませんでした。集団全体としては両条件で同じ情報が提供されていても，正しい判断に至るために重要な情報（この場合，候補者 A のポジティブ情報）が事前に共有されていない場合，誤った選択をしてしまうことが示されたのです。隠れたプロフィールを扱った 65 の研究をまとめて検討したところ，全体として，非共有条件は，正答に至る確率が共有条件の 8 分の 1 程度でした。また，話し合い中に非共有情報がメンバーのだれかによって言及される回数も，共有情報よりかなり少ないことがわかりました（Lu et al., 2012）。

▷ **非共有情報を共有するために**

非共有情報の問題は，現実場面のチームや組織の意思決定，ならびにコミュニケーションの質にネガティブな影響を及ぼすと考えられます。どのように対策をとればいいでしょうか。まず考えられるのは，話し合いをする前の工夫です。具体的には，各メンバーが知っている，意思決定に関わる情報をリスト化したり書き出したりして，事前にメンバー間で共有する機会をもつという方法が挙げられます。一度話し合いが始まってしまうと，非共有情報は話題に上りづらくなるわけですから，話し合いの前にすべての情報を持ち寄り共有情報化してしまおうという考え方です。

次に，集団に少なくとも 1 人，すべての情報を知っているメンバーが含まれていると，そのメンバーによって非共有情報の検出と

話し合い中での言及がなされやすくなることがわかっています（Stewart & Stasser, 1998）。話し合わなければならない案件について，その周辺情報を熟知しているメンバーに一時的に参加してもらう，事前調査を行うメンバーを設定する，といった方法が考えられるでしょう。

そして最後に，話し合いのプロセスについても工夫ができます。先に紹介したように，候補者 A, B, C から 1 人を選ぶような課題の場合，最初から 1 人を選ぶことを目的として話し合いを進めるのではなく，いくつかの比較事項に基づいて，選択肢すべてのランク付けを行うような方法をとることで，情報交換が活発になる可能性が指摘されています（Hollingshead, 1996）。

## 3　地位関係がある集団とリーダーシップ

さて，ここまでの説明で扱ってきた集団は，どちらかというとメンバーの間に明示的な上下関係がない，フラットな関係性の人々で構成されていることが前提でした。皆さんがチームや組織といった集団で活動する際には，先輩―後輩，上司―部下のような上下関係が存在しているケースも多いでしょう。会社など，より大きな組織になると，社長―役員―部長―課長―係長―一般社員のように，複雑な地位関係をもつケースもあります。

### ▷ 地位関係がある集団での意思決定

集団内に地位関係がある場合，地位の高い人の発言権や影響力が大きくなることは容易に想像できます。例えば，正答のある課題では地位の影響が少ないものの，正答のない課題を遂行する場合は地

位の高いメンバーの影響力が大きくなることがわかっています（Kirchler & Davis, 1986）。たしかに，数学の問題やパズルのような課題だと，メンバーのだれか1人が正解に気づき，それを適切に集団内で共有できれば，そこに地位の違いが影響を及ぼす余地はさほどないと考えられます。一方で，今後の事業計画の方針や，レクリエーションの行き先など，明示的な解答がない意思決定を行う際には，集団内での影響力が大きいメンバーの意見が優先されることになるでしょう。地位の低いメンバーの数を集団内で増やし多数派を形成しても，地位の高いメンバーの影響力は低下しません（Ohtsubo & Masuchi, 2004）。

　集団内で高い地位にあり，影響力の強いメンバーのふるまいについて，社会心理学では**リーダーシップ**（集団の目標達成を目指して，他のメンバーに影響を与えるプロセス）の観点から 100 年以上にわたって研究が進められてきました。現在では，社会心理学分野のみならず，産業・組織心理学や経営学など，多岐にわたる分野の研究対象となっています。本章では，リーダーシップ研究の変遷という観点から，順を追って説明します。


▷　**古典的リーダーシップ研究**：リーダー中心アプローチ

　1950 年頃までは，集団内で頭角を現し，多くのフォロワーを従えて集団を成功に導くリーダーの資質や特徴を調べることに関心が向けられました（**特性論的アプローチ**）。しかしながら，集団の種類や目標によって求められるリーダーの資質や特徴に違いがあり，何かしらの共通性を見出すことは困難でした（池田，2017）。

　1960 年代からは，集団を成功に導くリーダーの資質や特徴ではなく，リーダーがとる具体的な行動に注目するようになります（**行動論的アプローチ**）。代表的な PM 理論（三隅・白樫，1963；三隅，1965）

3　地位関係がある集団とリーダーシップ　**217**

**表10-2** PM理論に基づくリーダーシップ行動の類型 ————————————

| 機能 | | M | |
| :--- | :--- | :--- | :--- |
| | | 高 | 低 |
| P | 高 | **PM型**……P機能もM機能もともに強く果たすタイプ。仕事を急がせたり，正確に仕事をするよう圧力をかけるばかりでなく，集団や組織体の成員を激励したり，彼らに同情を示したりして，集団内対人関係の調整をも同時に行う。 | **P型**……P機能を強く果たすが，M機能はあまり強くないタイプ。もっぱら仕事の実行，課題の完成を強く求める。 |
| | 低 | **M型**……M機能は強く果たすが，P機能はあまり強くないタイプ。もっぱら集団や組織体の成員に同情を示し，彼らの悩みの相談に応じ，また冗談や笑い，その他の言動によって集団内の緊張を解きほぐす。 | **pm型**……P機能もM機能もともに弱いタイプ。言い換えれば，きわめて消極的なリーダーシップ。 |

(出所) 三隅ほか，1974。

では，リーダーの行動を課題遂行機能（performance function：P機能）と集団維持機能（maintenance function：M機能）に分類しました。前者は効率的に与えられた課題を完成させ，生産性を高めることに重きをおくリーダーシップ行動で，後者は集団メンバーの良好な関係性や成員性を維持することに重きをおくリーダーシップ行動です。この2つの機能の高低の組み合わせに基づき，**表10-2**に示した4種類のリーダーシップ行動を定義しました。そして，それぞれのリーダーシップ行動が集団の効率性や生産性に及ぼす影響などが検討されました。

1970年から80年代になると，集団の状況によって，リーダーが

とれる行動や効果的なリーダーシップ行動が異なるという視点が導入されます（**状況論的アプローチ**）。例えば**コンティンジェンシー（状況即応）モデル**（contingency model）では，集団内でリーダーが影響力を行使できるかどうかは，他のメンバーとの関係性，課題の構造化の程度，地位勢力（position power）などの条件によるとされました（Fiedler, 1978）。メンバーとの関係が良好で，課題が構造化されており，リーダーの権限が強い場合は，課題志向，関係志向のいずれものリーダーシップ行動を発揮できます。一方で，メンバーとの関係があまりよくなく，課題が構造化されておらず，リーダーに与えられている権限が弱い状況では，課題志向，関係志向のいずれのリーダーシップもうまく発揮できないとされます。

　同じく状況論的アプローチとして知られる**パスゴール理論**（path-goal theory）は，メンバーの満足度とパフォーマンスの水準を高めるために，状況に応じて必要な情報や支援，資源を提供し，目標達成に向けて道筋を立てることがリーダーの役割であると考えます（House, 1971; 1996）。課題をこなすための具体的な方法や手続きをメンバーに示す指示型，メンバーの心理的な状態に配慮し，ニーズを満たそうとする支援型，メンバーの意見や提案を考慮して意思決定を行う参加型，メンバーに対して，より挑戦的な目標や優れたパフォーマンスを推奨する課題達成型の4つのリーダー行動が定義されています。

▷　**新しいリーダーシップ研究：フォロワー中心アプローチ**

　1990年代になると，フォロワー，つまりリーダー以外の集団メンバーに注目した研究が増えていきます。これまでのリーダー中心アプローチの研究では，フォロワーはリーダーから影響を与えられる受動的な存在として扱われてきました（Oc et al., 2023）。しかし，

リーダーとフォロワーはお互いにコミュニケーションをとり合う，相互依存的な関係であることは明らかです。リーダーによるフォロワーへの働きかけは，フォロワーの満足度やパフォーマンスに影響を与えます。そして同時にフォロワーも，リーダーへの働きかけを通してリーダーの効果性や集団全体の目標達成に影響を及ぼすのです。

フォロワー中心アプローチでは，フォロワーの類型研究が行われています。例えばフォロワーには，リーダーからの命令や，リーダーの知識や専門性に従い，常にリーダーに対して忠実かつ支持的であり続けることを重視する**パッシブ型**，リーダーが自分より多くの知識や専門性を有することを認めつつも，機会が与えられれば積極的に意見を表明し，意思決定プロセスに貢献しようとする**アクティブ型**，集団の意思決定に主体的に関わろうとし，必要であればリーダーに対して反対意見を表明することもいとわない**プロアクティブ型**の３種類があると指摘されています（Carsten et al., 2010）。チームや組織の環境，およびリーダーの行動からの影響を受けながらも，集団の機能に貢献し，共通目標の達成を支援するメンバーが効果的なフォロワーであるとされています（Kelley, 1992）。

## これからのリーダーシップ研究

フォロワー中心アプローチから生まれたサーバントリーダーシップ（servant leadership；Greenleaf, 1977）は，新しいリーダーシップスタイルとして 2000 年頃から研究が増えています。サーバントリーダーは，他者に積極的に奉仕し，フォロワーの個々のニーズや関心をリーダー自身のニーズや関心よりも優先させます。そしてそのような関わりのなかで，フォロワーの関心が徐々に内から外に向かうよう調整します。この調整によって，フォロワー自らが組織，

および，より大きなコミュニティ内の他者の関心に気づくようになるとされます（Eva et al., 2019）。

　チームや組織内において，他者に対する奉仕のサイクルを生み出すきっかけとなる役割が，サーバントリーダーには求められます。初期のリーダーシップ研究の対象となった「力強く周りを引っ張っていくリーダー」ではなく，執事（steward；Block, 1993）のような存在をイメージするとよいでしょう。フォロワーが自己の成長や幸福をまずは優先し，達成することが，結果としてチームや組織の高いパフォーマンスを長期にわたって持続可能にさせると考えるのです。1998年から2018年までに行われたサーバントリーダーシップに関する285の研究レビューによると，サーバントリーダーシップはチームや組織内の協力的な行動を促し，パフォーマンスや創造性，イノベーションの向上にも寄与するとされています（Eva et al., 2019）。

　以上のように，リーダーシップに関わる研究は，時代背景やそこから生じる社会的な要請，加えて心理学の発展とともに変遷してきたといえます。近年では，文化的，または進化的アプローチに基づいてリーダーとフォロワーの関係を検討する試みもあります（Lonati & Van Vugt, 2024）。人が集団に所属し，共通の目標をもって活動する状況が存在する限り，リーダーシップやフォロワーに関する研究はこれからも継続，拡張していくでしょう。

## 4　チーム・組織のなかでの充実した活動

　集団での活動は，メンバー間の意見の相違や価値観の不一致も顕在化させます。第7章，第8章でもふれられているとおり，対人的

な葛藤を解決する必要も出てくるでしょう。チームや組織のパフォーマンスを高め、活動に対する個人の満足度を得るにはどのような要素が必要になるでしょうか。

### ▷ 個人でできること：動機づけの維持

　チームや組織での活動に自らが積極的に関わろうとする**動機づけ**（motivation）を保つことは、活動に対する満足度やパフォーマンスを高める上でも重要です（動機づけに関しては➡第 5 章 4 節）。

　**期待価値理論**（expectancy-value theory；Atkinson, 1957）では、個人の動機づけは、その人自身の個性としてのやる気（何かを得るために努力する傾向）の程度に加えて、期待（expectancy）と誘引（incentive）の程度によって決まるとされます。期待は、どの程度目標が達成できると主観的に考えているかによって決まります。そして誘引は、目標を達成することが自分にとってどれだけ魅力的であるかによって決まります。

　自分のはたらきがチームや組織のなかで適切に機能しているかわからない場合、つまり活動の成果や目標が達成されたかどうかが不明瞭な状況では、動機づけは低下してしまうでしょう。また、チームや組織で活動することの魅力が査定できないような状況も、動機づけの低下を招くかもしれません。チームや組織、ならびに自分が期待する成果が実質的に得られたかどうかを明確に評価できる目標を設定することは、動機づけの維持に役立つと考えられます。

　**目標設定理論**（goal setting theory；Locke, 1968）によると、自分にとって難しい目標を設定することは、達成が容易な目標を設定するよりも結果として高いパフォーマンスを生み出すそうです。また、難しい目標を設定する際は、「ベストを尽くす」とか、「とにかくやれるだけやる」のようなぼんやりとしたものではなく、より具体的

222　第 10 章　チームや組織が活性化するために

に設定したほうが高いパフォーマンスを生み出します。大きな目標を達成するためのプロセスのなかに，いくつかの小さな目標を段階的に設定する方法なども，より具体性を高め，動機づけの維持に貢献してくれるでしょう。例えば英語のテスト勉強であれば，「テスト1週間前までに，テスト範囲の教科書のチャプター1から3までに出てきた英単語100個の綴りを間違えずに書けるようになる」「テスト1週間前から前日まで，毎日この100個の英単語をノートに書く」といった目標設定の形が考えられます。チームや組織での活動でも，達成できたかどうかを客観的に評価でき，かつ自分や仲間にとって少し難しい目標を設定することがパフォーマンス向上につながるでしょう。

### チームや組織ができること：心理的安全性の確保

　新しくチームや組織に加入した人たちは，既存メンバーの間で当たり前に共有されている知識に関する情報がありません。そのため，いろいろと質問や確認をしたいことが出てくるケースも多いでしょう。しかし，地位が上のメンバーばかりが会議で発言して何かを決めていたり，ミスをしたメンバーが一方的に叱責されたりする場面を見てしまうと，積極的にチームや組織に関わろうという気持ちが薄れてしまうかもしれません。また，業務などを通して特定のメンバーと強い軋轢状態になったときに，相談先や，解決のためのプロセスが組織内で共有されていないとなると，メンバーの不安は強まりかねません。

　労働政策研究・研修機構（2019）が，若年の離職者2559人（男性1078人，女性1481人）を対象として行った調査によると，「初めての正社員勤務先」を離職した理由として，男女ともに2割以上が，「人間関係がよくなかった」ことを挙げています。人間関係を良好

に保つことは，チームや組織にとって欠かせません。そして，良好な人間関係を維持するためには，さまざまな立場のメンバーが遠慮なく自分の意見や感情状態をお互いに共有しあえるような環境を整えることが重要になります。

　チームや組織の活動において，自由に意見を述べたり，自らの感情状態を率直に話したりできるとメンバーが考えている場合，その環境は**心理的安全性**（psychological safety；Edmondson, 1999）が高いといえます。多くのメンバーが所属する組織で心理的安全性が高い環境をつくるには，個人の努力を超えた，制度やしくみの観点からの工夫も重要となるでしょう。自分が抱えている問題を相談できる先が複数用意されていたり，そのような相談をしても不利益を被らないことがルールとして示されていたりすれば，不安の軽減につながるかもしれません。チームや組織に新しく入ってきたメンバーのニーズや困りごとを気軽に伝えられるようなメンター制度を導入し，その活用実績を評価するようなしくみなども，メンバー間のコミュニケーションを活発化させ，心理的安全性の高い環境を整えるという点で有効であると考えられます。

## Summary　まとめ

　本章では，集団で何かを決めるときや，チームや組織の目標達成のために活動するときのわたしたちの行動の特徴や役割について説明しました。集団による話し合い場面では，メンバーそれぞれの意見や，事前にもっていた情報が共有されることで，最終的な決定がよりよいものとなる可能性が高まります。しかしながらチームや組織では，地位の違いからくる認識の齟齬や，メンバーとの意見や価値観の相違などから，円滑なコミュニケーションが行いにくくなるケースもあります。情報共有を促すためにも，メンバー全員にとって，オープンで心

**224**　第 10 章　チームや組織が活性化するために

地よい環境づくりが重要になるでしょう。

　近年，特定のチームや組織に属さず，個人で活動，活躍する人たちも増えています。しかし，チームや組織として何かに挑戦することで得られる達成感もあります。より規模の大きなプロジェクトへの挑戦，そしてそれに伴う成功・失敗の経験の機会も得られるでしょう。チームや組織が高いパフォーマンスを発揮できる場をつくりあげるためにどのような工夫ができるか，役割や地位を超えて，それぞれのメンバーが考える必要があります。


### *Report assignment*　レポート課題

　理想の働き方について考えてみてください。あなたは，①自らの責任と能力のもと，個人的に何かに挑戦するような働き方か，②組織に属して集団の目標を仲間とともに追うような働き方のどちらを理想としますか。まずはいずれかを選択してみましょう。そして，なぜそれを選んだのか，本章で説明した内容に言及しながら記述してください。その後，選択した働き方で自分のモチベーションを維持するために最も重要となると考えられる要素を1つ取り上げ，その理由を説得的に示してみましょう。


### *Book guide*　読書案内

亀田達也『合議の知を求めて──グループの意思決定』（認知科学モノグラフ3）共立出版，1997年

山口裕幸編『チーム・ダイナミックスの行動科学──組織の生産性・安全性・創造性を高める鍵はどこにあるのか』ナカニシヤ出版，2024年

# 心地よさが生まれるとき

## 社会心理学で考えてみる

終章 Chapter

## Quiz クイズ

次の a から d の記述の真偽を尋ねた 1985 年の調査で,「誤っている」と回答された割合が最も高かったのはどれでしょうか。

a. 一般的に,男性よりも女性が他者に同調する。
b. 気温が高いときに,危険な暴動が起こりやすい。
c. 自分の好きなことをするとき,そのお金をだれかに払ってもらったならば,それをすることがますます好きになる。
d. ほとんどの人は重大な事故や自然災害に見舞われた人に同情を感じ,その人たちが受けた被害を彼ら自身の責任とはみなさない。

## Chapter structure 本章の構成

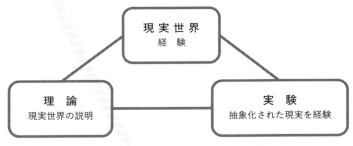

現実世界・実験・理論のトライアングル

# Answer クイズの答え

**b.**

a から d はすべて，当時の常識にあてはまると想定してつくられた項目であり，実際にはすべて偽であることが社会心理学的研究からわかっています。社会心理学の知見はしばしば常識と一致しないことがあります（Furnham, 1988）。言われてみると「何となくそうかな？」と思えることでも，それは誤った認識である場合が多いということです。

　また，クイズの正解にたどり着くためには，設問された当時の時代背景を考慮した上で，わたしたちの営みや社会現象を理解する必要もあります。半世紀近くの間に常識が変化してきたとするならば，社会心理学はこうした変化に貢献できてきたのでしょうか。

# Introduction 導入

　個人的な悩みだと思えることも，じつは社会の問題であり，社会心理学の観点から問題解決を目指すということに本書では取り組んできました。社会心理学を通して考えることで，わたしたちが抱えるさまざまな問題の解決の糸口が見えてきたでしょうか。わたしたちは日常で経験する社会的現象をどのように理解しているのでしょうか。社会心理学を一通り学んできたいま，身の回りで起こっている出来事を，社会心理学でどの程度説明できるでしょうか。この章では本書全体を概観しながら，わたしたちが日頃経験する問題を発見・記述し，解決の過程やその結果から生じる心理状態のポジティブな側面を捉え，いきいきと過ごすための条件について考えていきます。わたしたちの生活の質が向上し，「息苦しさ」から「心地よさ」が生み出されるために，社会心理学を使って何をどのように考えていけばよいか，検討してみましょう。

# 1　社会心理学を用いて社会を理解する

▷　**社会心理学の理論を使ってみる**

　ハイダーは,「素朴な心理学者」という概念を提唱しました(Heider, 1958)。わたしたちがある行動をとるのはなぜか,つまり行動の原因について,わたしたちは社会心理学者でなくとも関心をもち,原因を推論するという心理的プロセス(➡第2章)を日常的に行っています。社会心理学を学んでいくなかで,その知見が常識と一致することもあれば,本章の Quiz の例にもあるように,常識とは異なる場合もあるでしょう。

　多くの社会科学の学問にあてはまることですが,とくに社会心理学は「わたしたち自身が意識して捉えている生活の世界」を研究対象としています。社会心理学で得られた知見によって日常の見え方が変わっていく可能性が大いにあります。例えば「わかっていながらなかなか実行できないようなこと,ついつい人をうらやましく思ったり落ち込んだりすることなどは,個人的な問題でもあるが,人間一般にいえることでもある」と考えると,自らを取り巻く日常の見え方が変わるかもしれません。

　社会心理学は自分も含めた身の回りの出来事を説明したり予測したりする学問です。新たに知ったことは,直ちに日常生活に応用することができ,それを当たり前のこととして使える可能性があります。しかし,社会心理学の理論の前提条件などを知らないままだと,現象を誤って理解してしまうことが起こるかもしれません。日常的な課題を説明できる,「使える」と思われる理論であっても,必ずしもそのとおりになるわけではありません。そのときの状況によっ

て，理論を用いて説明できない場合も出てきます。また，同じ問題でもどういう側面に焦点を合わせるのか，つまりどの理論で捉えようとするのかによって説明の仕方も変わってきます。そこで起こっていることはたった1つであっても，観察者の視点によって意味が変わってくることもあります。いま，どのような理論を使って現実を見ているのか，他に使える理論はないだろうかと，日常生活において意識してみてください。

## ▷ 状況の力

社会心理学では実験によって現実を模した状況をつくって，人々の行動やその変化が検討されてきました。そのなかにはいまは倫理的に行うことができないような実験もあります。**第3章**で紹介したミルグラムによる服従実験もその1つです。

もう1つ例を出しましょう。ジンバルドーは，刑務所において看守が囚人に対して酷いふるまいをしているという現実の問題に着目しました（Haney et al., 1973；Zimbardo, 2007）。看守が暴力的なふるまいをするのは，その看守が邪悪な人だからでしょうか。そうした行動を解明するために，スタンフォード大学に模擬刑務所までつくって実験が行われました。ごく普通の大学生を募集し，ランダムに看守役と囚人役に割り振り，実際の監獄に近い状況をつくって役割を遂行させたのです。実験は2週間の予定でしたが，2日もすると，囚人役の参加者のなかには極度に落ち込み，号泣や怒号といった強い感情反応が見られ始めました。結局，実験は6日で中止するという事態となり，とくに倫理面から大きく注目を集めることとなったのです。

これらの実験からは，いまでも社会心理学に関する多くの問題を考察することができます（Haslam & Reicher, 2012；Zimbardo, 2007）。

その1つは，ごく普通の人であっても状況の力によって役割が与えられると，その役割として期待される，相手にとって望ましくない行為を実行してしまうということです。その一方で，**第2章**で取り上げた**対応推論理論**のように，わたしたちはその行為を本人のパーソナリティに結びつけて理解してしまいます。つまり，その人が邪悪な人だったから，とわたしたちは思いがちになります。

### ▷　実験のリアリティ

　ミルグラムの服従実験と並び，このジンバルドーの監獄実験は，研究倫理上の問題から同様の実験を繰り返して実施することが困難となりました。しかしイギリスの公共放送BBCが2001年に社会心理学者の監修による十分な配慮のもとで同様の実験を行い，ジンバルドーの実験とは異なる結末を得ています。囚人役が力をもち，全体を支配しようとしたのです。ただし，両者の実験が行われる前提やさまざまな条件にも違いがあるので，2つの実験を単純に比較することはできません。むしろ，簡単に実施できるわけではないこのような実験について，異なる結果となった要因は何かということを丁寧に読み解いていくことが重要といえるでしょう。しかし，実験結果が再現されなかったことから，実験の手続きや結果そのものにも疑問がもたれるような論争にまで発展しました。

　実験室で行われる社会心理学の実験では，注目する要因の効果を検証するために他の要因の影響を受けないよう，人工的に抽象的な状況が設定されます。理論を検証するためであれば，抽象的で現実的でない課題でよいのですが，実験そのものを現実と対応させて検討するのであれば，リアルな設定にしたほうが，実験参加者も役割に没頭しやすくなりますし，より現実味をもって実験結果を捉えることができます。ジンバルドーの監獄実験では，本物の警察官がパ

1　社会心理学を用いて社会を理解する　　**231**

トカーを使って囚人役を実験室に設営された刑務所に移送するなど，リアリティを重視しています。実験に参加した大学生たちは，当初はリアルな設定に放り込まれても「どうせ実験だろう」と思っていても，役割を遂行するうちに一気に板についたような行動をとるようになりました。

　では，仮にこの実験を現在でも行えるのであれば同様の結果が再現されるのでしょうか。じつは，このように実験を現実世界に近づけると，時代や文化などが異なれば，結果が再現されないといったことも起きてきます。リアルな状況を再現すれば，その時代や文化に特有の要因が潜在的に結果に影響を及ぼす可能性も高くなるからです。実験によって得られたデータには理論の検証や反証というエビデンスの側面と，理論や仮説の正しさをアピールするために提示されるデモンストレーションの側面があります（渡邊，2016）。ミルグラムの服従実験やジンバルドーの監獄実験で示されたことは，「こういったことが現実に起こりうる」というデモンストレーションだといえます。そうした側面では，再度実験を行って同様の結果が出ないからといって，観測された現象そのものが否定されるわけではありません。

### ▷ 行為の問題をシステムの問題として捉える

　役割を演じることによって普通の人々が邪悪な行動をとるということは，何も刑務所における看守と囚人の関係に限ったことではありません。学校における教師と生徒や，会社における上司と部下のような関係にもあてはめて考えることができます。こうした役割のなかで教師や上司といった立場の人が生徒や部下にハラスメントをするということを見聞きすることがあります。ハラスメントをした本人が悪いのだと行為者を責めるだけでは問題は繰り返し起こって

232　　終章　心地よさが生まれるとき

しまいます。

　役割に基づいてふるまった結果として望ましくない行動が起きてしまうのであれば，その原因を行為の主体に求めるのではなく，そうした行為を生じさせるシステム全体を見直す必要があるでしょう。ジンバルドーの監獄実験からも，単に役割を演じる個人にアプローチすれば問題が解決されるのではなく，集団全体の問題として考える必要があるということがわかるでしょう。これも，個人の問題でなく社会の問題として考える一例です。

## 2　心地よさをつくりだすために

　息苦しさを解消し，心地よさをつくりだすために，社会心理学の理論はどのように活用できるでしょうか。本書ですでに取り上げてきた理論を使って，問題解決の過程や結果から生じる心理状態のポジティブな側面を捉え，わたしたちがいきいきと過ごせる社会や集団とはどのようなものかを考えていきましょう。わたしたち自身の経験を俯瞰し，現実で起こっている出来事に理論というサーチライトを当てることで，現象を解明する1つの解釈が浮かび上がります。同様に，別の角度からサーチライトを当てれば，異なった解釈をすることもできるでしょう。

▷　**悩みごとがあるときにどうしたらいいか**
　本書の冒頭で個人的だと思う悩みも社会の問題として捉えることを提案しました。個人で思い悩むということは，あれこれ考えてしまいがちな状態です。くよくよしていないで気晴らしをすればいいと思っても，そうそう簡単に気持ちを切り替えることはできません。

ここは社会心理学の出番です。そもそも「考えないように」と言われれば言われるほど考えてしまうのがわたしたちの認知メカニズムの特徴の1つです。「シロクマのことを考えないで」と思考の抑制を行おうとすると，余計に「シロクマ」のことが思い浮かびやすくなってしまいます（Wenger, 1994）。禁止した思考を行っていないかどうかチェックしようと，考えてはいけないことを常に抱き続ける必要が出てくるからです。考えないようにすると逆効果になるのであれば，何をしたらよいでしょうか。自分だけで考えることが大変だったら，だれかに悩みを打ち明けて聞いてもらうとか，助けてもらうということが考えられます。本書では悩みごとに直接関わる話題は取り上げてきていませんが，援助行動の依頼や共感性などが関連しそうです。援助依頼のためには悩みを言葉にすることが必要ですね。悩みごとがあるときにどうしたらいいか，という漠然とした問いだけでもさまざまな切り口で語ることができるのです。

　考えることはいろいろあるわけですが，一方で私たちは考えるのに必要な**認知資源**を節約しようとします。社会心理学の古典的な概念である態度（➡第8章），すなわちあらかじめ対象に対して「好き」とか「良い」といった評価を記憶としてもっておくことで，そのつど考えるということが節約できます。

　もう1つ例を挙げましょう。忙しい日々を送っていると自分で立てた計画どおりにことが進まない，つまり**計画錯誤**が生じます（➡第6章）。目標に向けて集中しすぎると認知資源が欠乏して，いわばトンネルに入ってしまったように周りが見えなくなります（Mullainathan & Shafir, 2013）。こうしたことは理解していても，実際に忙しいときは周りに注意がいかなくなります。忙しいときこそ休みをとろうとか，立ち止まって周りを見渡そうといったフレーズを耳にすることがありますが，なぜそれが必要なのかを理解しておけ

ば，自分なりにカスタマイズして状況を捉えることができます。

わたしたちは意識せずに行動をとってしまうということがあります（➡第1章）。だからこそ，何気なく行っていることに対して，「なぜそのような行動をとったのか」，自覚的であることが必要です。

## ▷ 心地よければいいのか

意見を述べたり行動しようとする際に，わたしたちは他者の意見を参照します。**アッシュの実験**（Asch, 1955 ➡第3章）のように，本当は違った考えであっても多数派と同じ意見を表明してしまうことがあります。自分の意見が多数派であればその意見を主張しやすく，それが少数派であれば発言をはばかられるようになります。結果として多数派の意見は優勢となり少数派の意見は劣勢になるという**沈黙の螺旋**の状況に陥ってしまいます（➡第4章）。実際には，どの意見が多数派なのかを世論調査で調べてみないとわかりません。

わたしたちは，自分が接している意見が多数派であるように勘違いしてしまうこともあります。社会的葛藤の今日的な現象として，インターネットの世界における**エコーチェンバー**現象が挙げられます。現代の生活において，インターネットを介した情報収集やコミュニケーションはもはや欠かせないツールとなっています。インターネットを利用する際には，自分にとって関心のある情報を求めて，ニュース記事にアクセスし，検索し，そして有益だと思うSNSのアカウントをフォローすることが多いでしょう。そうすると結果的に，同じようなニュースや，似たような人々が発信する情報だけが集まる世界が構成されていきます。こうした状況は，閉じた部屋で音が反響する物理現象にたとえ，エコーチェンバーといいます（笹原，2018）。SNSのタイムラインは，自分が気に入っているアカウントをフォローすることで心地よさを感じることができます。

結果として，自分がフォローしている人たちと同じ意見を社会の多くの人がもっていると認識してしまいます。

　個々人が自分にとって心地よい情報環境に慣れてしまうと，自分の考えや好みと異なる情報に遭遇すると，そうした情報を否定的に評価したり，自分が支持する考え方をより強くもつようになります。そうしたプロセスを経て，似たような考え方の人々が同じ価値観を受け入れ，反対の価値観を排除するようになり，社会のなかで異なった価値観をもつ人々同士が分断していくこととなります。

　以上のことはインターネット上で見られる現象に限ったことではありません。わたしたちは，世の中は意見や価値観の異なる人々で構成されているとわかっていながら，自分が経験する世界が「世界」であると認識しがちです。

### ▷　意見を変えることを認める

　自分の意見を表明すれば，どうしてもその意見に固執してしまいます。認知的一貫性（➡序章）という特徴をもっているためです。自分の立場を曖昧にしておけば，意見を変えることは比較的容易ですが，意見が可視化されると後戻りできなくなります。さらに，とくにSNSの世界では，失言をしたことを取り消そうとしても，発言は画像として保存・拡散され，自分が意見を変えようが謝罪をしようが，失言をした人として非難の対象となるキャンセルカルチャー（容認できない行動をとったとみなされた個人を糾弾し，社会から排斥しようとする現象）が幅を利かせています。よく考えてみた結果，意見を変える可能性がないわけではないのに，「人間は一貫している（そうあるべきだ）」という期待から，発言者に注目する人も，またその本人であっても，意見を変えることを良しとしないのです。

　そのような考えを前提に，社会的課題を解決しようと話し合いを

する場合，少数派が意見を言いにくいとすれば，多数派は少数派の意見に気づかないまま，それが全体の合意であるかのように判断して決定を下してしまうかもしれません。逆に，積極的に意見表明をしないことで消極的に現状を追認しようとすることも，わたしたちの日常で観察されるのではないでしょうか。私たちは認知的一貫性という特徴をもっているということを自覚し，意見を変えることを認める，意見が変わることに耐える寛容さが必要です。それが自分を助けることにもなるのです。

　このように考えてくると，自分が何か社会心理学的に説明できる法則に支配されて，操られているのではと思われるかもしれません。実際，わたしたちは自分のコントロールが及ばず，偶発的に起こる出来事と常に遭遇しているのです。


▷　立場を変えて考える

　わたしたちは日常生活のなかでさまざまな葛藤を抱えて暮らしています。なぜあの人はあんなことをするのか，といった疑問とともに，怒りの感情が湧いてくることもあるでしょうし，その思いを相手に伝えることで親密な関係が崩れてしまう懸念もあります（➡第7章）。では，ここで立場を入れ替えてみたらどうなるでしょうか。本書でこれまでさまざまな実験を紹介してきましたが，皆さん自身が社会心理学の実験参加者の立場だったら，どうふるまうだろうかということを考えてみましょう。なるほど，たしかに実験で示されたようなふるまいをするかもしれない，と思えるかもしれません。

　序章の相互作用の話を思い出してください。"I know you know I know"とは「わたしが知っていることをあなたが知っているとわたしは知っている」ということでした。相手の視点に立てるということです。わたしたちは，ついつい自分本位でものごとを考えてし

2　心地よさをつくりだすために　　**237**

まいます。相手の視点に立てば，なぜあの人がこんなことをしているのかということが理解できるようになるでしょう。お互いにそう思えれば，対人間の葛藤が解決できるようになるかもしれません。

ただし，これには注意も必要です。自分は相手の視点に立っているのに，相手はあくまで自分本位で，結局自分だけが苦しい思いをしてしまうような場合です。そんなときこそ，双方の立場を俯瞰することで自分自身の状況を理解できるはずです。

# 3 社会を動かすもの・変える力

## 社会を動かしている感覚

確率的に生じる偶発的な出来事を私たちはコントロールすることができません。ところが，サイコロを振る行為を例にとれば，自分で振ることで，すなわち運・不運にあたることをあたかも操作できたかのように思えることがあります（村上，2020）。偶然によって生じる結果をコントロール可能だとする制御幻想が生じるのです（Langer, 1975）。このように考えれば，個人だけの力で社会を動かすことはなかなかできることではありませんが，「動かせた」と思える事態をつくっていくことはできるでしょう。

息苦しい社会を変えていく，ということを本書のコンセプトとしてきました。一方で変化の流れのなかで積極的に「変えない」ということにも，エネルギーが必要となってくるでしょう。変えようとする動きが望ましくない方向に作用していると多くの人々に判断されたならば，わたしたちは変わらないようにするにはどう行動したらよいかを考えなくてはなりません。

社会を動かすかどうかについては，皆で話し合って決めることが

重要です（➡第8章）。しかし話し合いがうまくいくとも限りません。ジャニス（Janis, 1982）は，優秀な人たちが集団で話し合って決めたことであっても，それが望ましくない結果を生み出してしまう**集団思考**（groupthink）に陥ってしまうことを歴史的な事例の分析から明らかにしています。集団思考を回避するには，自分たちの決定に対してわざと難癖をつける役割を意識的にとることなどが提案されています。1つの立場からだと見えないこともあるからです。非常識と思えるようなことを検討してみることが役立つこともあるのです。

### ⬜▷ 社会心理学の知見が社会を変える

　社会心理学の知見には，常識的に理解できることもあれば，そうでないこともあるでしょう。例えば，「日本人はアメリカ人と比べて他者一般を信頼しない」という知見は，経験に照らしてどのように感じられるでしょうか。山岸（1998）の**信頼の解き放ち理論**によれば，アメリカは見知らぬ他者とも取引の関係を広げようとする社会（信頼社会），日本は裏切られない仲間内とだけ取引を行いあう社会（安心社会）とされます。この議論からヒントを得た人たちが，他者との信頼を築くような行動をとり関係性を広げていくことで「安心社会の日本」という見方が時代に見合わなくなったのなら，それはある意味で社会心理学の理論を活用することを通じて社会が変わり，理論の役割を全うしたといえるかもしれません。

　では，格差や不平等に関して，わたしたちの世界が公正であってほしいとする**公正世界理論**（➡第3章）を多くの人々が理解したら，公正でありたいがために差別を生むといったパラドックスを乗り越えることは可能でしょうか。**第2章**で扱った潜在連合テスト（IAT）をやってみたところ，気づかない（非意識の）レベルのバイアスが

3　社会を動かすもの・変える力　**239**

生じることがわかったとして，自分でコントロールできない部分は
あるにしても，何とか偏見を解消しようと意識的に行動することが
できるかもしれません。

　進化心理学的視点に立てば，人を助けたり協力したりする行為は，
人類が適応し生き延びるために必然的なことであったといえます。
そのことを知り得た私たちは，援助したり協力したりすることが困
難であると思えるような状況であっても，何とか行動することを選
択するかもしれません。

## ▷　実験から社会を考える

　再び，社会心理学の実験について考えてみます。これまで積み重
ねられてきた過去の実験のなかで，先述のように，その結果が再現
されないという問題が議論されています。本書では，その問題を深
く議論することはしませんが，その一端として，社会心理学の知識
とのつきあい方について提案します。それは，社会心理学での知見
は，わたしたちの日常生活に絶対的にあてはまるということはない
ということです。では，役に立たないのか，というとそうでもあり
ません。社会心理学の知見を日常生活の諸問題にあてはめてみて，
なるほど合点がいくということもあれば，「これは違うのでは？」
ということもあるはずです。そう，そうやって，社会心理学の知見
を活用しながら，こういう場面で理論のとおりに説明できる，と
いったように活用していくことこそ，社会心理学を学ぶ醍醐味とい
えるでしょう。

　本書も含めて，社会心理学のテキストでは，単に理論を説明する
だけでなく，それを検証するための実験の手続きについて説明され
ています。それは，社会心理学の研究を発展させていくという点に
おいては，知見を得るプロセスを理解することでその研究の科学的

な妥当性や倫理的な側面を評価するのに役立ちます。一方で、社会心理学を学ぶ立場、つまり本書の読者の皆さんにとっては、先述のようにその実験参加者の立場に立って考えることができるということが挙げられます。

**ミルグラムの服従実験**を再度例にとります。単にその実験で得られた結果、つまり「私たちは権威の代理人として何の関係もない他者を傷つける行為を行ってしまう」と紹介されることが多いかと思いますが、その実験のプロセスとセットで権威への服従という知見を理解することが重要です。そうすることで、この状況で自分だったらどのようにふるまうのかということを考えてみることができます。さらに、本当にそのような結果になるのだろうか、ということを考えることこそ、社会心理学を学ぶだけでなく、社会心理学を発展させるためにも重要なのです。これはすべての実験に対していえることですが、すべての人が実験者の想定した仮定どおりに動くわけではないのです。ミルグラムの服従実験において、相手が苦しむような電気ショックのボタンを押すように促されても、それに抗った人もいたのです。アッシュの実験（➡ **第 3 章**）にしても、すべての実験参加者が自分自身の意思に反して他者に同調していたわけではないのです。たしかに、権威のある人たちから命令されたり、間違っているのではないかと思われる行動を多数の人たちがとっていたりすれば、「嫌だな」「変だな」と思っても従ってしまう、ということをこうした実験は訴えています。しかし、そうならない可能性をこれらの実験が否定しているわけではないのです。実験がショッキングな結果を招いているのであれば、それはどのような条件においてなのか、その可能性を示しているのです。

日常生活において息苦しさや生きづらさを感じることの一端が権威への服従や多数派への同調にあったのだ、ということを単に理解

するだけでなく，その知見を得るためのプロセスを理解しているからこそ，服従や同調に陥らない可能性を探ることもできるし，未来を書き換えることもできるのです。社会心理学の実験は複雑な現実の世界をなるべく抽象化して，ある条件設定が人々の認知や行動にどう影響するのかを調べることが目的にあります。言い換えれば，状況次第で，すべてが実験で期待されたとおりに動くわけではありませんし，状況の影響が大きい場合には異なる結果になる可能性もあります。ある理論を現実にあてはめてみようとしても，わたしたちが経験する「状況」は千差万別です。

　わたしたちは自分自身が思い抱く「常識」によって，息苦しい現実を受け入れがちになってしまいます。そうしたとき，社会心理学が提案する考え方，つまり社会心理学の常識は，わたしたちの常識を単に肯定したり，否定したりするのではなく，わたしたち自身に考えるチャンスを与えてくれているのだと考えてみてはどうでしょうか。わたしたちが遭遇している現実に対して，社会心理学から理解できる世界を知ることによって，自分たち自身の常識の殻を破り，未来を変えていく可能性があるのです。

## ▷ 実験と理論から現実を捉える

　先述のように，ジンバルドーの監獄実験では，できる限りリアルな状況に近づけて，そこに参加する人々の行動を捉えようとしました。しかし，社会心理学では，リアルな現実に対応した実験ばかりではありません。シェリフの光点の自動運動の実験（➡第8章）を例にとれば，実際に光がどれだけ動いて見えるかについての判断が，現実場面で問題となることなどありません。この場合，実験状況は現実そのものを表しているわけではないのです。山岸（1998）は，実験室を現実社会のミニチュアと捉えることは，心理学や社会心理

242　終章　心地よさが生まれるとき

**図終-1** アッシュの実験に関するトライアングル

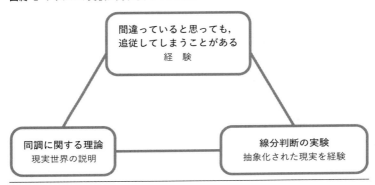

学の実験に関わる議論のなかで見られる誤解だと論じています。実験の参加者が直面している状況はこの実験のためにつくられたもので、実験室の外にはまったく存在せず、実験の結果をそのままあてはめられる場所は世界中のどこにもありません。上述のシェリフの実験でいえば、「自分自身で判断できないときに他者の意見を参照する」ということを確かめるために状況が設定されています。実際、状況が曖昧で自分自身が行った判断について、他者の判断を参考にして自分の判断を変えていくということは、現実のさまざまな場面で見られます。

冒頭の Chapter structure では、経験的世界（現実世界）、社会心理学の実験、理論との関係をトライアングルで図示しました。

アッシュの実験（⇒第3章）を例に考えてみましょう（**図終-1**）。現実の世界において、「あの人のやっていることは間違っているのでは」と思っても、他の人たちがそれを支持するような行動をとっていると自分も同じようにふるまってしまうことがあります。こうした現象がどのような条件のもとで生じるか生じないかを検討したのが線分判断の実験なのです。この実験では例えば7〜9名の集団

が設定されていますが，現実ではこれと同じ人数であるとは限りません。しかし，この集団のなかに自分と同じ判断をする人がいるかどうかといった状況設定を変化させることで，実験によって抽象化された現実を示すことができるのです。そして，さまざまなバリエーションの実験結果から，他者への同調がいかなる場合に起こりうるかを説明する理論が形づくられているのです。

　このトライアングルの実験の部分は，現実を表象する物語りやゲームに置き換えることもできます（Sugiura, in preparation）。認知的不協和理論（⇒序章）はイソップ童話の「酸っぱい葡萄」にたとえられます。おいしそうな葡萄を見つけたが手が届きそうにない，そんなときわたしたちは，あの葡萄は酸っぱい葡萄，つまり魅力のないものだというように考えを変えることで自分を納得させています。酸っぱい葡萄をわたしたちにとっての「手の届かない現実」に置き換えることで，認知的不協和理論の発想を日常でも使いうるのです。囚人のジレンマ（⇒第4章）もゲームの一種ですが，ゲームの状況を現実になぞらえることで，現実と理論を結びつけることができます。

　人々は学問としての社会心理学を知らなくても，冒頭の **Quiz** のような素朴な信念をもとに素人理論を使えてしまいます。理論が正しく理解されずに使われたとしても何となく問題が解決できてしまうこともあるでしょう。しかしそのとき，わたしたちがもっている心のクセ，つまりさまざまな認知バイアス（⇒**第6章**）を知っていれば，偏った見方から解放され，人々の考えや行動を理解する解像度は上がっていくでしょう。身の回りの問題を，似たような状況を表した実験にあてはめてみることで，現象とモデルと理論を結びつけようとする思考回路をつくってみましょう。

　理論と現実とを結びつける作業をする際に，その理論を検証する

244　　終章　心地よさが生まれるとき

実験がどのように行われたのか，その実験が意味する現実はどのようなものなのかを考えることによって，実験状況を媒介させて理論で現実を説明する手助けとなるはずです。

### ▷ 社会心理学の社会への実装

　社会心理学の最新の多くの研究は，人間と社会との関係の理解を提供すべく進んでいます。その知見を，わたしたちの心地よい生活環境を実現させるために利用してこそ，研究の意義は果たされます。

　研究の目的は何なのか。それは役割間の葛藤を煽り，分断を拡大することではありません。例えば看守と囚人であってもそれぞれ社会で決められた役割があり，そうしたシステムが適切に運用されるための条件を特定していくことが目的といえます。問題を特定し，その解決を目指すことが必要なのです。

　社会が安定していれば人々の行動は比較的予想しやすいともいえます。しかし，現代の社会は非常に劇的に変化しており，わたしたちの環境や健康は脅かされ，さらに深刻になっていくでしょう。そうしたときに過去の実験結果から学べることもあれば，新たに検討しなくてはならないこともあります。社会心理学に限らず，問題に向き合い，実験者と実験参加者という役割にとどまらず，わたしたちは協同してその解決を目指す努力を続けていかなければならないと思います。

　どのような条件のもとで人々がいかなる行動をとるのか。社会心理学の研究によってわたしたちは，いわば「常識」を得てきたわけです。その常識も，時代や文化の変化によって変わりうるものであり，そうなった後で当初想定していなかった新しい問題も生じうるのです。そうしたことを総合的に考えていく必要があるでしょう。

　社会それ自体が壮絶な実験の場であるといっても決して大げさで

はありません。ただし現実は複雑な要因が絡み，いわば神様の視点でもない限り生じた現象を正確に理解することなどできません。わたしたちの周りで生じる現象は 1 つひとつ異なっています。生きづらさや息苦しさを少しでも解消するためにわたしたちに何ができるでしょうか。複雑な現象を個々の理論で何重にも捉えながら現実を理解する試みを続けていくことが，心地よさを生み出すための道筋の 1 つとなるでしょう。

## Summary　まとめ

　わたしたちは自分や他者の行動の原因を推測しようとする素朴な心理学者としての側面をもっています。その際，わたしたちは心のクセという認知バイアスをもっているがゆえに現実を見誤ってしまうこともあります。社会心理学のさまざまな理論はそうしたわたしたちの認識を矯正する役割を果たすこともありますが，状況の力が強く働く際には，理論が示すとおりにならないこともあります。理論を使えるようにするには，その理論を検証する実験に着目し，実験が現実世界の何を指し示しているかを理解することが役立ちます。自分がその実験の参加者だとしたら，どのようにふるまうだろうかを想像してみることで，理論を現実にあてはめて考えることにつながります。

　わたしたちが経験する世界は，1 つの理論のみによって説明されるわけではありません。生きづらさや息苦しさがなぜ生じているのか，本書で扱ってきた社会心理学のトピックを自分の問題に引き寄せて，その問題が生じる原因をさまざまな観点から検討することで，解決への道筋が浮かび上がり，心地よさにつなげていくことができるのではないでしょうか。

### ◢◢◢ *Report assignment*　レポート課題 ///////////////////////////////////////////

本書で取り上げてきた実験を 1 つ選び，**Chapter stracture** の図のトライ

アングルにあてはめてみてください。現実世界，実験，理論の3つの関係を皆さん自身の言葉で説明してみましょう。

### Book guide　読書案内

池田謙一・唐沢穣・工藤恵理子・村本由紀子『社会心理学』補訂版，有斐閣，2019 年

スミス, J. R.・ハスラム, S. A.／樋口匡貴・藤島喜嗣監訳『社会心理学・再入門──ブレークスルーを生んだ 12 の研究』新曜社，2017 年

# 引用・参考文献

## 序章

Festinger, L. (1957). *A theory of cognitive dissonance*. Row Peterson & Company. (末永俊郎監訳〔1965〕『認知的不協和の理論——社会心理学序説』誠信書房)

Hamilton, D. L., & Gifford, R. K. (1976). Illusory correlation in interpersonal perception: A cognitive basis of stereotypic judgments. *Journal of Experimental Social Psychology*, 12, 392–407.

Lewis, M. (2003). The emergence of consciousness and its role in human development. In J. LeDoux, Debiec, J., & Moss, H. (Eds.) *The Self: From soul to brain*. Annals of the New York Academy of Sciences, Vol.1001.

Mills, C. W. (1959). *The sociological imagination*. Oxford University Press. (伊奈正人・中村好孝訳〔2017〕『社会学的想像力』筑摩書房)

三井宏隆 (1991).『実験・調査の考え方——社会行動分析入門』小林出版

村山綾 (2023).『「心のクセ」に気づくには——社会心理学から考える』筑摩書房

高野陽太郎 (2008).『「集団主義」という錯覚——日本人論の思い違いとその由来』新曜社

山岸俊男 (1990).『社会的ジレンマのしくみ——「自分1人ぐらいの心理」の招くもの』サイエンス社

## 第1章

Collins, A. M., & Loftus, E. F. (1975). A spreading-activation theory of semantic processing. *Psychological Review*, 82, 407–428.

Fredrickson, B. L., & Joiner, T. (2002). Positive emotions trigger upward spirals toward emotional well-being. *Psychological Science*, 13, 172–175.

Higgins, E. T., Rholes, W. S., & Jones, C. R. (1977). Category accessibility and impression formation. *Journal of Experimental Social Psychology*, 13, 141–154.

Libet, B., Gleason, C. A., Wright, E. W., & Pearl, D. K. (1983). Time of conscious intention to act in relation to onset of cerebral activity (readiness-potential). The unconscious initiation of a freely voluntary act. *Brain*, 106, 623–642.

Payne, B. K., Cheng, C. M., Govorun, O., & Stewart, B. D. (2005). An inkblot for attitudes: Affect misattribution as implicit measurement. *Journal of Personality and Social Psychology*, 89, 277–293.

Schwarz, N., & Clore, G. L. (1983). Mood, misattribution, and judgments of well-being: Informative and directive functions of affective states. *Journal of Personality and Social Psychology*, 45, 513–523.

Stroop, J. R. (1935). Studies of interference in serial verbal reactions. *Journal of Experimental Psychology*, 18, 643–662.

Wilson, T. D., & Nisbett, R. E. (1978). The accuracy of verbal reports about the effects of stimuli on evaluations and behavior. *Social Psychology*, 41, 118–131.

249

## 第 2 章

Cuddy, A. J. C., Fiske, S. T., & Glick, P. (2007). The BIAS map: Behaviors from intergroup affect and stereotypes. *Journal of Personality and Social Psychology*, 92, 631–648.

Devine, P. G. (1989). Stereotypes and prejudice: Their automatic and controlled components. *Journal of Personality and Social Psychology*, 56, 5–18.

Fiske, S. T., Cuddy, A. J. C., & Glick, P. (2007). Universal dimensions of social cognition: Warmth and competence. *Trends in Cognitive Sciences*, 11, 77–83.

Greenwald, A. G., McGhee, D. E., & Schwartz, J. L. K. (1998). Measuring individual differences in implicit cognition: The implicit association test. *Journal of Personality and Social Psychology*, 74, 1464–1480.

Jones, E. E., & Davis, K. E. (1965). From acts to dispositions the attribution process in person perception. In Berkowits, L. (Ed.), *Advances in experimental social psychology*, Vol. 2. Academic Press.

Kawakami, K., Dovidio, J. F., Moll, J., Hermsen, S., & Russin, A. (2000). Just say no (to stereotyping): Effects of training in the negation of stereotypic associations on stereotype activation. *Journal of Personality and Social Psychology*, 78, 871–888.

内閣府 (2024).「男女共同参画に関する国際的な指数」

Winter, L., & Uleman, J. S. (1984). When are social judgments made? Evidence for the spontaneousness of trait inferences. *Journal of Personality and Social Psychology*, 47, 237–252.

## 第 3 章

Asch, S. E. (1955). Opinions and social pressure. *Scientific American*, 193, 31–35.

Blass, T. (2012). A cross-cultural comparison of studies of obedience using the Milgram paradigm: A review. *Social and Personality Psychology Compass*, 6, 196–205.

Burger J. M. (2009). Replicating Milgram: Would people still obey today? *The American Psychologist*, 64, 1–11.

Callan, M. J., Harvey, A. J., & Sutton, R. M. (2014). Rejecting victims of misfortune reduces delay discounting. *Journal of Experimental Social Psychology*, 51, 41–44.

Carroll, J. S., Perkowitz, W. T., Lurigio, A. J., & Weaver, F. M. (1987). Sentencing goals, causal attributions, ideology, and personality. *Journal of Personality and Social Psychology*, 52, 107–118.

Deutsch, M., & Gerard, H. B. (1955). A study of normative and informational social influences upon individual judgment. *The Journal of Abnormal and Social Psychology*, 51, 629–636.

Hafer, C. L., & Bègue, L. (2005). Experimental research on just-world theory: Problems, developments, and future challenges. *Psychological Bulletin*, 131, 128–167.

Harvey, A. J., & Callan, M. J. (2014). Getting "just deserts" or seeing the "silver lining": The relation between judgments of immanent and ultimate justice. *PLOS*

*One*, 9, 1–8.

Haselton, M. G., & Buss, D. M.（2000）. Error management theory: A new perspective on biases in cross-sex mind reading. *Journal of Personality and Social Psychology*, 78, 81–91.

Haslam, N.（2006）. Dehumanization: An integrative review. *Personality and Social Psychology Review*, 10, 252–264.

Haslam, S. A., & Reicher, S. D.（2017）. 50 Years of 'obedience to authority': From blind conformity to engaged followership. *Annual Review of Law and Social Science*, 13, 59–78.

Kelman, H. C.（1961）. Processes of opinion change. *Public Opinion Quarterly*, 25, 57–78.

Lerner, M. J.（1980）. *The belief in a just world: A fundamental delusion.* Springer.

Lerner, M. J., & Simmons, C. H.（1966）. Observer's reaction to the "innocent victim": Compassion or rejection? *Journal of Personality and Social Psychology*, 4, 203–210.

Masuda, T., & Nisbett, R. E.（2001）. Attending holistically versus analytically: Comparing the context sensitivity of Japanese and Americans. *Journal of Personality and Social Psychology*, 81, 922–934.

Milgram, S.（1963）. Behavioral study of obedience. *The Journal of Abnormal and Social Psychology*, 67, 371–378.

Milgram, S.（1974）. *Obedience to authority.* Harper & Row.（山形浩生訳［2008］『服従の心理』河出書房新社）

三浦麻子・平石界・中西大輔（2020）.「感染は『自業自得』か——状況の力の解明に挑む」『科学』90, 906–908.

村山綾・三浦麻子（2015）.「被害者非難と加害者の非人間化——2種類の公正世界信念との関連」『心理学研究』86, 1–9.

Murayama, A., Miura, A., & Furutani, K.（2022）. Cross-cultural comparison of engagement in ultimate and immanent justice reasoning. *Asian Journal of Social Psychology*, 25, 476–488.

日本心理学会（2009）.「公益社団法人日本心理学会倫理規程」

Perfumi, S. C., Bagnoli, F., Caudek, C., & Guazzini, A.（2019）. Deindividuation effects on normative and informational social influence within computer-mediated-communication. *Computers in Human Behavior*, 92, 230–237.


## 第 4 章

Allport, G. W.（1954）. *The nature of prejudice.* Addison-Wesley.

Asch, S. E.（1955）. Opinions and social pressure. *Scientific American*, 193, 31–35.

Axelrod, R.（1984）. *The evolution of cooperation.* Basic Books.（松田裕之訳［1987］『つきあい方の科学——バクテリアから国際関係まで』HJB出版局）

Dawes, R. M.（1980）. Social Dilemmas, *Annual Review of Psychology*, 31, 169–193.

Festinger, L.（1957）. *A theory of cognitive dissonance.* Stanford University Press.（末永俊郎監訳［1965］『認知的不協和の理論——社会心理学序説』誠信書房）

Güth, W.（1995）. On ultimatum bargaining experiments: A personal review. *Journal of Economic Behavior & Organization*, 27, 329–344.

Heider, F. (1958). *The psychology of interpersonal relations*. John Wiley & Sons. (大橋正夫訳 [1978]『対人関係の心理学』誠信書房)

Lewin, K. (1935). *A dynamic theory of personality*. McGraw-Hill. (相良守次・小川隆訳 [1957]『パーソナリティの力学説』岩波書店)

Messick, D. M., & Brewer, M. B. (1983). Solving social dilemmas: A review. In Wheeler, L., & Shaver, P. (Eds.), *Review of personality and social psychology: Vol 4*, Sage.

Moscovici, S., Lage, E., & Naffrechoux, M. (1969). Influence of a consistent minority on the responses of a majority in a color perception task. *Sociometry*, 32, 365–380.

Noelle-Neumann, E. (1993). *The spiral of silence: Public opinion—our social skin*. (2nd ed.) University of Chicago Press. (池田謙一・安野智子訳 [1997]『沈黙の螺旋理論——世論形成過程の社会心理学 [改訂版]』ブレーン出版)

大渕憲一 (2015). 『紛争と葛藤の心理学——人はなぜ争い, どう和解するのか』サイエンス社

Schelling, T. C. (1960). *The strategy of conflict*. Harvard University Press. (河野勝監訳 [2008]『紛争の戦略——ゲーム理論のエッセンス』勁草書房)

Sherif, M. (1936). *The psychology of social norms*. Harper.

Sherif, M., Harvey, O. J., White, B. J., Hood, W. R., & Sherif, C. W. (1961). *Intergroup conflict and cooperation: The robbers cave experiment*. University of Oklahoma Book Exchange.

Tajfel, H., Billig, M. G., Bundy, R. F., & Flament, C. (1971). Social categorization and intergroup behaviour. *European Journal of Social Psychology*, 1, 149–178.

山岸俊男 (1990). 『社会的ジレンマのしくみ——「自分1人ぐらいの心理」の招くもの』サイエンス社

## 第5章

Aarts, H., Gollwitzer, P. M., & Hassin, R. R. (2004). Goal contagion: Perceiving is for pursuing. *Journal of Personality and Social Psychology*, 87, 23–37.

Andersen, S. M., & Chen, S. (2002). The relational self: An interpersonal social-cognitive theory. *Psychological Review*, 109, 619–645.

Bem, D. J. (1967). Self-perception: An alternative interpretation of cognitive dissonance phenomena. *Psychological Review*, 74, 183–200.

Cooley, C. H. (1902). Looking-glass self. In *Human nature and the social order*. Charles Scribner's Sons.

Oettingen, G. (2015). *Rethinking positive thinking: Inside the new science of motivation*. Current. (エッティンゲン, G.／大田直子訳『成功するにはポジティブ思考を捨てなさい——願望を実行計画に変える WOOP の法則』講談社, 2015年)

Jones, E. E., & Pittman, T. S. (1982). Toward a general theory of strategic self-presentation. In Suls, J. (Ed.), *Psychological perspectives on the self* (Vol. 1). Lawrence Erlbaum.

Markus, H., & Wurf, E. (1987). The dynamic self-concept: A social psychological perspective. *Annual Review of Psychology*, 38, 299–337.

Metcalfe, J., & Mischel, W.（1999）. A hot/cool-system analysis of delay of gratification: Dynamics of willpower. *Psychological Review*, 106, 3–19.

Mischel, W., Shoda, Y., & Rodriguez, M. L.（1989）. Delay of gratification in children. *Science*, 244, 933–938.

尾崎由佳・後藤崇志・小林麻衣・杏澤岳（2016）.「セルフコントロール尺度短縮版の邦訳および信頼性・妥当性の検討」『心理学研究』87, 144–154.

Shah, J. Y., & Kruglanski, A. W.（2008）. Structural dynamics: The challenge of change in goal systems. In Shah, J. Y., & Gardner, W. L.（Eds.）*Handbook of motivation science*. Guilford Press.

Tesser, A.（1988）. Toward a self-evaluation maintenance model of social behavior. In Berkowitz, L.（Ed.）, *Advances in experimental social psychology, Vol. 21. Social psychological studies of the self: Perspectives and programs*. Academic Press.

Tice, D. M.（1992）. Self-concept change and self-presentation: The looking glass self is also a magnifying glass. *Journal of Personality and Social Psychology*, 63, 435–451.


## 第 6 章

Buehler, R., Griffin, D., & Ross, M.（1994）. Exploring the "planning fallacy": Why people underestimate their task completion times. *Journal of Personality and Social Psychology*, 67, 366–381.

Gilovich, T., Medvec, V. H., & Savitsky, K.（2000）. The spotlight effect in social judgment: An egocentric bias in estimates of the salience of one's own actions and appearance. *Journal of Personality and Social Psychology*, 78, 211–222.

Jacowitz, K. E., & Kahneman, D.（1995）. Measures of anchoring in estimation tasks. *Personality and Social Psychology Bulletin*, 21, 1161–1166.

Kahneman, D., & Tversky, A.（1982）. Intuitive prediction: Biases and corrective procedures. In Kahneman, D., Slovic, P., & Tversky, A.（Eds.）, *Judgment under uncertainty: Heuristics and biases*. Cambridge University Press.

Lee, Y.-T., & Seligman, M. E. P.（1997）. Are Americans more Optimistic than the Chinese? *Personality and Social Psychology Bulletin*, 23, 32–40.

Miller, D. T., & Ross, M.（1975）. Self-serving biases in the attribution of causality: Fact or fiction? *Psychological Bulletin*, 82, 213–225.

Tversky, A., & Kahneman, D.（1973）. Availability: A heuristic for judging frequency and probability. *Cognitive Psychology*, 5, 207–232.

Tversky, A., & Kahneman, D.（1974）. Judgment under uncertainty: heuristics and biases. *Science*, 85, 1124–1131.

Tversky, A., & Kahneman, D.（1983）. Extensional versus intuitive reasoning: The conjunction fallacy in probability judgment. *Psychological Review*, 90, 293–315.

Wason, P. C.（1968）. Reasoning about a rule. *The Quarterly Journal of Experimental Psychology*, 20, 273–281

Weinstein, N. D.（1980）. Unrealistic optimism about future life events. *Journal of Personality and Social Psychology*, 39, 806–820.

第 7 章

Argyle, M., & Dean, J. (1965). Eye contact, distance and affiliation. *Sociometry*, 28, 289–304.

Buss, D. M. (1989). Sex differences in human mate preferences: Evolutionary hypotheses tested in 37 cultures. *Behavioral and Brain Sciences*, 12, 1–49.

Byrne, D. (1961). Interpersonal attraction as a function of affiliation need and attitude similarity. *Human Relations*, 14, 283–289.

大坊郁夫 (1998). 『しぐさのコミュニケーション——人は親しみをどう伝えあうか』 サイエンス社

Duck, S. W. (2005). How do you tell someone you're letting go? *The Psychologist*, 18, 210–213.

Duncan, S. (1973). Toward a grammar for dyadic conversation. *Semiotica*, 9, 29–46.

Ekman, P., & Friesen, W. V. (1971). Constants across cultures in the face and emotion. *Journal of Personality and Social Psychology*, 17, 124–129.

Ekman, P., & Friesen, W. V. (1975). *Unmasking the face: A guide to recognizing emotions from facial clues*. Prentice-Hall.

Fehr, R., Gelfand, M. J., & Nag, M. (2010). The road to forgiveness: A meta-analytic synthesis of its situational and dispositional correlates. *Psychological Bulletin*, 136, 894–914.

Festinger, L., Schachter, S., & Back, K. (1950). *Social pressures in informal groups; a study of human factors in housing*. Harper.

Li, N. P., & Kenrick, D. T. (2006). Sex similarities and differences in preferences for short-term mates: what, whether, and why. *Journal of Personality and Social Psychology*, 90, 468–489.

Matarazzo, J. D., Saslow, G., Wiens, A. N., Weitman, M., & Allen, B. V. (1964). Interviewer head nodding and interviewee speech durations. *Psychotherapy: Theory, Research & Practice*, 1, 54–63.

Mehrabian, A., & Wiener, M. (1967). Decoding of inconsistent communications. *Journal of Personality and Social Psychology*, 6, 109–114.

Ohtsubo, Y., & Watanabe, E. (2009). Do sincere apologies need to be costly? Test of a costly signaling model of apology. *Evolution and Human Behavior*, 30, 114–123.

Ohtsubo, Y., & Yagi, A. (2015). Relationship value promotes costly apology-making: Testing the valuable relationships hypothesis from the perpetrator's perspective. *Evolution and Human Behavior*, 36, 232–239.

Perilloux, C., & Buss, D. M. (2008). Breaking up romantic relationships: Costs experienced and coping strategies deployed. *Evolutionary Psychology*, 6, 164–181.

Rahim, M. A. (1983). A measure of styles of handling interpersonal conflict. *Academy of Management Journal*, 26, 368–376.

Richmond, V. P., & McCroskey, J. C. (2003). *Nonverbal behavior in interpersonal relations* (5th ed.). Allyn & Bacon.

Rollie, S. S., & Duck, S. (2006). Divorce and dissolution of romantic relationships: Stage models and their limitations. In Fine, M. A., & Harvey, J. H. (Eds.),

*Handbook of divorce and relationship dissolution*. Lawrence Erlbaum Associates Publishers.

Rusbult, C.（1983）. A longitudinal test of the investment model: The development （and deterioration） of satisfaction and commitment in heterosexual involvements. *Journal of Personality and Social Psychology*, 45, 101–117.

鈴木朋子・田村直良（2006）.「表現と認知の相違から検討した感情音声の特徴」『心理学研究』77, 149–156.

和田実・山口雅敏（1999）.「恋愛関係における社会的交換モデルの比較——カップル単位の分析」『社会心理学研究』15, 125–136.

Walster, E., Aronson, V., Abrahams, D., & Rottman, L.（1966）. Importance of physical attractiveness in dating behavior. *Journal of Personality and Social Psychology*, 4, 508–516.

Walter, K. V. et al.（2020）. Sex differences in mate preferences across 45 countries: A large-scale replication. *Psychological Science*, 31, 408–423.

Zajonc, R. B.（1968）. Attitudinal effects of mere exposure. *Journal of Personality and Social Psychology* , 9, 1–27.


## 第 8 章

Ando, K., Sugiura, J., Ohnuma, S., Tam K.-P., Hübner, G., & Adachi, N.（2019）. Persuasion game: Cross cultural comparison. *Simulation & Gaming*, 50, 532–555.

Asch, S. E.（1955）. Opinions and social pressure. *Scientific American*, 193, 31–35.

Burger, J. M.（1986）. Increasing compliance by improving the deal: The that's-not-all technique. *Journal of Personality and Social Psychology*, 51, 277–283.

Brehm, S. S., & Brehm, J. W.（1981）. *Psychological reactance: A theory of freedom and control*. Academic Press.

Cialdini, R. B.（2021）. *Influence, new and expanded: The psychology of persuasion*. Harper Collins Publishers.（社会行動研究会監訳［2023］『影響力の武器——人を動かす七つの原理［新版］』, 誠信書房）

Cialdini, R. B., Cacioppo, J. T., Bassett, R., & Miller, J. A.（1978）. Low-ball procedure for producing compliance: Commitment then cost. *Journal of Personality and Social Psychology*, 36, 463–476.

Cialdini, R. B., Reno, R. R., & Kallgren, C. A.（1990）. A focus theory of normative conduct: Recycling the concept of norms to reduce littering in public places. *Journal of Personality and Social Psychology*, 58, 1015–1026.

Cialdini, R. B., Vincent, J. E., Lewis, S. K., Catalan, J., Wheeler, D., & Darby, B. L.（1975）. Reciprocal concessions procedure for inducing compliance: The door-in-the-face technique. *Journal of Personality and Social Psychology*, 31, 206–215.

Davis, J. H.（1973）. Group decision and social interaction: A theory of social decision schemes. *Psychological Review*, 80, 97–125.

Deutsch, M., & Gerard, H. B.（1955）. A study of normative and informational social influences upon individual judgment. *The Journal of Abnormal and Social Psychology*, 51, 629–636.

Fishbein, M. & Ajzen, I.（2010）. *Predicting and changing behavior: The reasoned action approach*. Psychology press.

Freedman, J. L. & Fraser, S. C.（1966）. Compliance without pressure: The foot-in-the-door technique. *Journal of Personality and Social Psychology*, 4, 195–202.

Guéguen, N. & Pascual, A（2000）. Evocation of freedom and compliance: The "but you are free of ..." technique. *Current Research in Social Psychology*, 5, 264–270.

広瀬幸雄（1993）.「環境問題へのアクション・リサーチ――リサイクルのボランティア・グループの形成発展のプロセス」『心理学評論』36, 373-397.

Hovland, C. I., Janis, I. L., & Kelley, H. H.（1953）. *Communication and persuasion: Psychological studies of opinion change*. Yale University Press.

Joule, R. V., Gouilloux, F., & Weber, F.（1989）. The lure: A new compliance procedure. *The journal of Social Psychology*, 129, 741–749.

亀田達也（1997）.『合議の知を求めて――グループの意思決定』共立出版

Kiesler, C. A.（1971）. *The psychology of commitment: Experiments linking behavior to belief*. Academic Press.

McGuire, W. J.（1964）. Inducing resistance to persuasion: Some contemporary approaches. In Berkowitz, L.（Ed.）, *Advances in experimental social psychology*, Vol.1. Academic Press.

Messick, D. M., & Brewer, M. B.（1983）. Solving social dilemmas: A review. *Review of Personality and Social Psychology*, 4, 11–44.

大沼進（2007）.『人はどのような環境問題解決を望むのか――社会的ジレンマからのアプローチ』ナカニシヤ出版

Petty, R. E. & Cacioppo, J. T.（1986）. The elaboration likelihood model of persuasion. In Berkowitz, L.（Ed.）, *Advances in experimental social psychology*. Vol.19. Academic Press.

Renn, O., Webler, T. & Wiedemann, P.（1995）. *Fairness and competence in citizen participation: Evaluating models for environmental discourse*. Kluwer Academic Publishers.

Schelling, T. C.（1978）. *Micromotives and macrobehavior*. Norton & Company.（村井章子訳［2016］『ミクロ動機とマイクロ行動』勁草書房）

Sherif, M.（1936）. *The psychology of social norms*. Harper and Row.

杉浦淳吉（2005）.「説得納得ゲームによる環境教育と転用可能性」『心理学評論』48, 139–154.

Thaler, R.H., & Sunstein, C. R.（2008）. *Nudge: Improving decisions about health, wealth, and happiness*. Yale University Press.（遠藤真美訳［2009］『実践　行動経済学――健康，富，幸福への聡明な選択』日経 BP）

Thunberg, G.（2022）. *The climate book*. Allen Lane.（東郷えりか訳［2022］『気候変動と環境危機――いま私たちにできること』河出書房新社）

矢守克也（2010）『アクションリサーチ――実践する人間科学』新曜社

## 第9章

Axelrod, R.（1984）. *The Evolution of Cooperation*. Basic Books.

Baron-Cohen, S., Leslie, A. M., & Frith, U.（1985）. Does the autistic child have a "theory of mind"? *Cognition*, 21, 37–46.

Batson, C. D.（2011）. *Altruism in humans*. Oxford University Press.

Batson, C. D., & Shaw, L. L. (1991). Evidence for altruism: Toward a pluralism of prosocial motives. *Psychological Inquiry*, 2, 107–122.

Carter, G. G., & Wilkinson, G. S. (2013). Food sharing in vampire bats: Reciprocal help predicts donations more than relatedness or harassment. *Proceedings. Biological Sciences*, 280 (1753), 20122573.

Darley, J. M., & Latané, B. (1968). Bystander intervention in emergencies: Diffusion of responsibility. *Journal of Personality and Social Psychology*, 8, 377–383.

Eisenberg, N., Fabes, R. A., & Spinrad, T. L. (2006). Prosocial development. In Damon, W., & Lerner, R. M. (Eds.), *Handbook of child psychology: Vol. 3. Social, emotional, and personality development* (6th ed.). John Wiley & Sons.

Erlandsson, A., Dickert, S., Moche, H., Västfjäll, D., & Chapman, C. (2023). Beneficiary effects in prosocial decision making: Understanding unequal valuations of lives. *European Review of Social Psychology*. Advance online publication, 1–4.

Fehr, E., & Fischbacher, U. (2003). The nature of human altruism. *Nature*, 425, 785–791.

Fujimoto, Y., & Ohtsuki, H. (2023). Evolutionary stability of cooperation in indirect reciprocity under noisy and private assessment. *Proceedings of the National Academy of Sciences of the United States of America*, 120, e2300544120.

Hamlin, J. K., & Wynn, K. (2011). Young infants prefer prosocial to antisocial others. *Cognitive development*, 26, 30–39.

Hamlin, J. K., Wynn, K., & Bloom, P. (2007). Social evaluation by preverbal infants. *Nature*, 450, 557–559.

菊池章夫 (2018). 『もっと／思いやりを科学する──向社会的行動研究の半世紀』川島書店

子安増生・木下孝司 (1997). 「〈心の理論〉研究の展望」『心理学研究』68, 51–67

Kuhlmeier, V., Wynn, K., & Bloom, P. (2003). Attribution of Dispositional States by 12-Month-Olds. *Psychological Science*, 14, 402–408.

Latané, B., & Darley, J. M. (1970). *The unresponsive bystander: Why doesn't he help?* Prentice Hall.（竹村研一・杉崎和子訳［1997］『冷淡な傍観者──思いやりの社会心理学』ブレーン出版）

Latané, B., & Rodin, J. (1969). A lady in distress: Inhibiting effects of friends and strangers on bystander intervention. *Journal of Experimental Social Psychology*, 5, 189–202.

Milinski, M., Semmann, D., & Krambeck, H.-J. (2002). Reputation helps solve the 'tragedy of the commons'. *Nature*, 415, 424–426.

Nesse R. M. (2013). Tinbergen's four questions, organized: a response to Bateson and Laland. *Trends in Ecology & Evolution*, 28, 681–682.

Nowak, M. A., & Sigmund, K. (2005). Evolution of indirect reciprocity. *Nature*, 437, 1291–1298.

Premack, D., & Woodruff, G. (1978). Does the chimpanzee have a theory of mind? *Behavioral and Brain Sciences*, 1, 515–526.

Rand, D. G., & Nowak, M. A. (2013). Human cooperation. *Trends in Cognitive Sciences*, 17, 413–425.

Tinbergen, N. (1963). On aims and methods of ethology. *Zeitschrift für Tierpsychologie*, 20, 410-433.

Trivers, R. L. (1971). The evolution of reciprocal altruism. *The quarterly Review of Biology*, 46, 35-57.

Wallace, P. (1999). *Psychology of internet* (2nd ed.), Cambridge University Press. (川浦康至・和田正人・堀正訳 [2018]『インターネットの心理学〔新版〕』NTT 出版)

Wilkinson, G. S. (1984). Reciprocal food sharing in the vampire bat. *Nature*, 308, 181 -184.

Wimmer, H., & Perner, J. (1983). Beliefs about beliefs: Representation and constraining function of wrong beliefs in young children's understanding of deception. *Cognition*, 13, 103-128.

## 第 10 章

Atkinson, J. W. (1957). Motivational determinants of risk-taking behavior. *Psychological Review*, 64, 359-372.

Block, P. (1993). *Stewardship: Choosing service over self-interest*. Berrett-Koehler.

Carsten, M. K., Uhl-Bien, M., West, B. J., Patera, J. L., & McGregor, R. (2010). Exploring social constructions of followership: A qualitative study. *The Leadership Quarterly*, 21, 543-562.

Edmondson, A. (1999). Psychological safety and learning behavior in work teams. *Administrative Science Quarterly*, 44, 350-383.

Eva, N., Robin, M., Sendjaya, S., van Dierendonck, D., & Liden, R. C. (2019). Servant leadership: A systematic review and call for future research. *The Leadership Quarterly*, 30, 111-132.

Fiedler, F. E. (1978). The contingency model and the dynamics of the leadership process. *Advances in Experimental Social Psychology*, 11, 59-112.

Fraser, C., Gouge, C. & Billig, M. (1971). Risky shifts, cautious shifts, and group polarization. *European Journal of Social Psychology*, 1, 7-30.

Greenleaf, R. K. (1977). *Servant leadership: A journey into the nature of legitimate power and greatness*. Paulist Press.

Hollingshead, A. B. (1996). The rank-order effect in group decision making. *Organizational Behavior and Human Decision Processes*, 68, 181-193.

House, R. J. (1971). A path-goal theory of leader effectiveness. *Administrative Science Quarterly*, 16, 321-339.

House, R. J. (1996). Path-goal theory of leadership: Lessons, legacy and a reformulated theory. *The Leadership Quarterly*, 7, 323-352.

池田浩 (2017).「個人特性とリーダーシップ」坂田桐子編『社会心理学におけるリーダーシップ研究のパースペクティブⅡ』ナカニシヤ出版

Kelley, R. E. (1992). *The power of followership: How to create leaders people want to follow, and followers who lead themselves*. Doubleday/Currency. (牧野昇監訳 [1993]『指導力革命——リーダーシップからフォロワーシップ』プレジデント社)

Kirchler, E., & Davis, J. H. (1986). The influence of member status differences and task type on group consensus and member position change. *Journal of Personality and Social Psychology*, 51, 83–91.

Locke, E. A. (1968). Toward a theory of task motivation and incentives. *Organizational Behavior and Human Performance*, 3, 157–189.

Lonati, S., & Van Vugt, M. (2024). Ecology, culture and leadership: Theoretical integration and review. *The Leadership Quarterly*, 35, 101749.

Lu, L., Yuan, Y. C., & McLeod, P. L. (2012). Twenty-five years of hidden profiles in group decision making: A meta-analysis. *Personality and Social Psychology Review*, 16, 54–75.

Maass, A., Clark, R. D., & Haberkorn, G. (1982). The effects of differential ascribed category membership and norms on minority influence. *European Journal of Social Psychology*, 12, 89–104.

三隅二不二 (1965). 「教育と産業におけるリーダーシップの構造——機能に関する研究」『教育心理学年報』4, 83–106.

三隅二不二・関文恭・篠原弘章 (1974). 「PM 評定尺度の再分析」『社会心理学研究』14 , 21–30.

三隅二不二・白樫三四郎 (1963). 「組織体におけるリーダーシップの構造——機能に関する実験的研究」『教育・社会心理学研究』4, 115–127.

Moscovici, S., Lage, E., & Naffrechoux, M. (1969). Influence of a consistent minority on the responses of a majority in a color perception task. *Sociometry*, 32, 365–380.

Moscovici, S., & Zavalloni, M. (1969). The group as a polarizer of attitudes. *Journal of Personality and Social Psychology*, 12, 125–135.

Myers, D. G., & Lamm, H. (1976). The group polarization phenomenon. *Psychological Bulletin*, 83, 602–627.

Nemeth, C. J. (1986). Differential contributions of majority and minority influence. *Psychological Review*, 93, 23–32.

Oc, B., Chintakananda, K., Bashshur, M. R., & Day, D. V. (2023). The study of followers in leadership research: A systematic and critical review. *The Leadership Quarterly*, 34, 101674.

Ohtsubo, Y., & Masuchi, A. (2004). Effects of status difference and group size in group decision making. *Group Processes & Intergroup Relations*, 7, 161–172.

労働政策研究・研修機構 (2019). 「若年者の離職状況と離職後のキャリア形成Ⅱ」調査シリーズ No.191.

Stasser, G., & Titus, W. (1985). Pooling of unshared information in group decision making: Biased information sampling during discussion. *Journal of Personality and Social Psychology*, 48, 1467–1478.

Stewart, D. D., & Stasser, G. (1998). The sampling of critical, unshared information in decision-making groups: The role of an informed minority. *European Journal of Social Psychology*, 28, 95–113.

Wallach, M. A., Kogan, N., & Bem, D. J. (1962). Group influence on individual risk taking. *The Journal of Abnormal and Social Psychology*, 65, 75–86.

Wallach, M. A., Kogan, N., & Bem, D. J. (1964). Diffusion of responsibility and level of risk taking in groups. *The Journal of Abnormal and Social Psychology*, 68, 263

-274.

Wood, W., Lundgren, S., Ouellette, J. A., Busceme, S., & Blackstone, T.（1994）. Minority influence: A meta-analytic review of social influence processes. *Psychological Bulletin*, 115, 323-345.

## 終章

Asch, S. E.（1955）. Opinions and social pressure. *Scientific American*, 193, 31-35.

Furnham, A. F.（1988）. *Lay theories: Everyday understanding of problems in the social sciences*. Pergamon Press.（細江達郎監訳［1992］『しろうと理論——日常性の社会心理学』北大路書房）

Haney, C., Banks, W. C., & Zimbardo, P. G.（1973）. Study of prisoners and guards in a simulated prison. *Naval Research Reviews*, 9, 1-17. Office of Naval Research.

Haslam, S. A., & Reicher, S.（2012）. Tyranny: Revisiting Zimbardo's stanford prison experiment. In Smith, J. R. & Haslam, S. A., *Social psychology: Revisiting the classic studies*. Sage.（樋口匡貴・藤島喜嗣監訳［2017］『社会心理学・再入門——ブレークスルーを生んだ12の研究』新曜社）

Heider, F.（1958）. *The psychology of interpersonal relations*. John Wiley.

Janis, I. L.（1982）. *Groupthink: Psychological studies of policy decisions and fiascoes*（2nd ed.）. Wadsworth, Cengage Learning Inc.（細江達郎訳［2022］『集団浅慮——政策決定と大失敗の心理学的研究』新曜社）

Langer, E.J.（1975）. The illusion of control. *Journal of Personality and Social Psychology*, 32, 311-328.

Mullainathan, S., & Shafir, E.（2013）. *Scarcity: Why having too little means so much*. Brockman.（大田直子訳［2015］いつも「時間がない」あなたに——欠乏の行動経済学』早川書房）

村上幸史（2020）.『幸運と不運の心理学——運はどのように捉えられているのか？』ちとせプレス

笹原和俊（2018）.『フェイクニュースを科学する——拡散するデマ，陰謀論，プロパガンダのしくみ』化学同人

Sugiura, J.（in preparation）. The relationship between social psychological theory, the real world, and the gaming experiments. In Kikkawa, T., Kriz, W. C., Sugiura, J., & De Wijse-van Heeswijk, M.（Eds.）*Transferring gaming and simulation experience to the real world*. Springer.

山岸俊男（1998）.『信頼の構造——こころと社会の進化ゲーム』東京大学出版会

渡邊芳之（2016）.「心理学のデータと再現可能性」『心理学評論』59, 98-107.

Wenger, D. M.（1994）. Ironic processes of mental control. *Psychological Review*, 101, 34-52

Zimbardo, P. G.（2007）. *The Lucifer effect: Understanding how good people turn evil*. Random House.（鬼澤忍・中山宥訳［2015］『ルシファー・エフェクト——ふつうの人が悪魔に変わるとき』海と月社）

# 索　引

## 事 項 索 引

**■アルファベット**

BIAS マップ　　52

IAT　→潜在連合テスト

PM 理論　　217

WOOP　　122

**■あ　行**

アクションリサーチ　　183

アクティブ型　　220

アッシュの（同調）実験　　62, 64, 65,
　　99, 170, 235, 241, 243

誤った関連づけの認知　　16

アンケート調査　　183

暗黙の調整　　94

閾下呈示　　49

意思決定　　37

一貫性の原理　　85, 177

一体性の原理　　171

意　図　　174

インフォームド・コンセント（事前説
　　明）　　71

ウェイソンの 4 枚カード問題　　134

影響力の武器　　171

エコーチェンバー　　235

エラー管理理論　　77

援助行動　　190

応報（Tit-For-Tat）戦略　　94

**■か　行**

外見的魅力　　154, 156

外集団　　87, 89

隠れたプロフィール　　213

仮　説　　14

課題遂行機能　　218

活性化　　28, 30, 47, 51, 54, 109, 117

活性化拡散　　29

葛　藤　　82

　社会的——　　85, 86, 91, 95, 98, 99

　集団間——　　88

　心理的——　　83

関係修復　　161

関係の解消　　158

監獄実験（ジンバルドーの監獄実験，ス
　　タンフォード監獄実験）　　231,
　　233, 242

感　情　　24, 32, 34, 36, 50, 52, 148,
　　149, 151

　——の誤帰属　　35

関与度　　112

記　憶　　27, 44, 46, 173

記憶システム　　27, 47, 108–110, 117

希少性の原理　　172

期待価値理論　　222

規　範　　170

　記述的——　　170

　命令的——　　170

規範感　　174

261

規範的影響　61, 63, 64, 170, 182,
　　211
気　分　33
基本的帰属の誤り　→対応バイアス
基本6感情　148
キャンセルカルチャー　236
究極要因　195, 199
鏡映的自己　109
共　感　197, 203, 205
共感―利他性仮説　197
協力行動　91, 100, 181, 192
虚偽の説明　→デセプション
近接性　112, 156
クールシステム　121
計画錯誤　140, 234
係留効果　129
結果　→従属変数
ゲーム理論　86
権威の原理　176
原因　→独立変数
原因帰属　9, 139
限界質量　181
　　――の法則　100, 182
研究倫理　71, 155, 231
言語的コミュニケーション　147
賢馬ハンスの逸話　13
合意形成　182, 209
好意の原理　176
好意の返報性　176
向社会的行動　191
公正世界仮説　73
公正世界理論　72, 239
構造変革アプローチ　97
後続刺激　→ターゲット
行動コントロール感　174
行動主義　9
行動への態度　174
行動論的アプローチ　217
合理的行為モデル　173
互恵性　202, 205

間接――　202
直接――　201
互恵的利他主義　200, 202
心の理論　11, 197
コーシャスシフト　210, 211
コミットメント　157, 158, 160, 177,
　　184
コンティンジェンシー（状況即応）モデ
　　ル　219
コンピュータ・ダンス実験　155

■さ　行
再カテゴリ化　54
最後通牒ゲーム　95
最小条件集団　88
詐　欺　204
錯誤相関　16, 51
ザッツ・ノット・オール技法　172
作動的自己概念　109, 110, 115
サーバントリーダーシップ　220
差　別　50, 239
サリー・アン課題　197
ジェームズ＝ランゲ説　→末梢起源説
ジェンダーギャップ指数　56
至近要因　195
自　己　106
自己概念　109
自己高揚動機　112
自己効力感　205
自己制御　116
事後説明　→デブリーフィング
自己知覚理論　108
自己知識　108, 109
自己中心性　136
自己呈示　114
戦略的――　114
自己認知　108
自己評価　111, 112
自己評価維持モデル　112
事前説明　→インフォームド・コンセン

ト

実　験　13, 240
実験参加者　15, 237, 241
実験者　15
自発的特性推論　46
社会学的想像力　6
社会規範　169
社会的決定図式モデル　182
社会的証明の原理　171
社会的ジレンマ　86, 97, 98
社会的認知　9, 25, 32
　——の自動性　27
社会的比較　112
自由意志　38
従事的フォロワーシップ　70
囚人のジレンマ　92, 94, 200
従属変数（結果）　13
集団維持機能　218
集団意思決定　208
集団凝集性　87
集団極化　211
集団思考　239
周辺的態度変容　176
重要他者　110
熟　慮　183
状況の力　66, 230
状況論的アプローチ　219
少数派（マイノリティ）　8, 51, 99,
　212, 236
情　動　33, 34, 121
情報的影響　61, 63, 64, 170, 211
素人理論　244
進　化　10, 24, 33, 156, 172, 199
進化心理学　10, 240
ジンバルドーの監獄実験　→監獄実験
信憑性　176
親密性　153
親密性平衡モデル　154
信頼の解き放ち理論　239
心理的安全性　224

心理的リアクタンス理論　178
スタンフォード監獄実験　→監獄実験
ステレオタイプ　47–50, 55
　自動的な——化　47, 51, 54
　両面価値的——　50, 52
ステレオタイプ内容モデル　50, 52
スポットライト効果　137
正義感　196
制御幻想　238
精緻化見込みモデル　175
責任の分散　193, 194, 211
接種理論　178
接触仮説　88
説　得　175
説得納得ゲーム　179
セルフコントロール　120, 121
選　好　183
先行刺激　→プライム
潜在連合テスト（IAT）　47, 48, 239
相互作用　11, 64, 152, 237
　実験者と実験参加者の——　15
属性推論　44
素朴な心理学者　229

■た　行
対応推論理論　45, 231
対人認知　9, 26, 43
態　度　173, 234
態度変容アプローチ　97
タイプ1エラー　77
タイプ2エラー　77
代理状態　68
ターゲット（後続刺激）　31, 39
多元的無知　92, 179, 194
多数派　8, 61, 62, 99, 182, 211, 212,
　235, 236
脱カテゴリ化　54
単純接触効果　157
地位勢力　219
知識表象　28, 30, 32, 47

チャネル　147
　言語——　151
　コミュニケーションの——　147
　非言語——　149, 151, 153
中心的態度変容　175
沈黙の螺旋　100, 182, 235
追　従　65, 170
適　応　10
デセプション（虚偽の説明）　71, 155
手続き的公正　183
デブリーフィング（事後説明）　71,
　155
ドア・イン・ザ・フェイス技法　171
同一化　65
同一視　211
動　因　116
動機づけ　116, 139, 222
投資モデル　157, 158
同　調　61, 62, 99, 135, 182, 211,
　241
　——の段階説　65
同調圧力　169
道徳観　196
特性論的アプローチ　217
独立変数（原因，要因）　13
泥棒洞窟実験　86

■な　行
内在的公正推論　76
内集団　54, 87, 89
内集団ひいき　88, 171
内的属性　44–46, 138
内面化　65
ナッジ　117, 185
二重考慮モデル　160
認　知　23
認知資源　234
認知的一貫性　4, 236
認知的不協和理論　4, 5, 84, 244
認知プロセス　139

自動的な——　24, 29, 32

■は　行
バイアス　44, 130
　確証——　133, 134
　行為者—観察者——　138
　自己中心性——　136
　自己奉仕——　139, 179
　正常性——　135
　対応——（基本的帰属の誤り）　46,
　138
　認知——　16, 133, 244
　楽観——　140
排　斥　75
パスゴール理論　219
パッシブ型　220
パラ言語　149, 152
バランス理論　84
反映過程　112
被害者非難　73
比較過程　112
非言語的コミュニケーション　148,
　150
非人間化　74
ヒューリスティクス　130, 133
　係留と調整——　131
　代表性——　131
　利用可能性——　132
評価懸念　194, 203
評価プライミング課題　30, 39
表示規則　149
表　情　148
評　判　203
フォロワー　219
　——中心アプローチ　219, 220
不寛容　73
服　従　66, 241
服従実験　69
　ミルグラムの——　66, 69, 230,
　231, 241

フット・イン・ザ・ドア技法　177,
　184
プライミング効果　30, 32
プライム（先行刺激）　31, 39
フリーライダー　91, 96, 200, 202,
　205
プロアクティブ型　220
文化心理学　10
分配的公正　183
ベースレート無視　131
偏　見　50, 75
返報性の原理　171
傍観者効果　192, 194
没個性化　64
ホットシステム　121

■ま　行
マイノリティ　→少数派
末梢起源説（ジェームズ＝ランゲ説）
　34
満足遅延課題　121
魅　力　154, 156, 176
命令システム　66, 69, 70
メタ認知　12

メラビアンの法則　150
目　標　116
目標設定理論　222
目標伝染　118

■や・ら行
要因　→独立変数
リアクタンス　178
リスキーシフト　210, 211
リスク　210
リスク・テイキング　210
リーダー　217
　　──中心アプローチ　217
利他行動　10, 191
リーダーシップ　217, 219, 220
リバタリアン・パターナリズム　186
類似性　157
類似性―魅力仮説　157
恋　愛　154
連　合　28, 48, 54
連合ネットワーク　28, 31, 47
連続プライミング課題　30, 39
ローボール技法　177, 185

## 人 名 索 引

■あ　行
アーガイル（Argyle, M.）　154
アクセルロッド（Axelrod, R.）　94
アーツ（Aarts, H.）　118
アッシュ（Asch, S. E.）　62
安藤香織　179
ウィーナー（Wiener, M.）　151
ウィルキンソン（Wilkinson, G. S.）
　200
ウィルソン（Wilson, T. D.）　37, 38
ウェイソン（Wason, P. C.）　134
ウォーラック（Wallach, M. A.）　209,

　211
ウォルスター（Walster, E.）　154
ウォルター（Walter, K. V.）　156
エクマン（Ekman, P.）　148
エッティンゲン（Oettingen, G.）　122
大渕憲一　86
オールポート（Allport, G. W.）　88

■か　行
カーター（Carter, G. G.）　200
カラン（Callan, M. J.）　74
ギロヴィッチ（Gilovich, T.）　137

クロア（Clore, G. L.） 35
ケルマン（Callan, M. J.） 65

■さ　行
サンスティーン（Sunstein, C. R.）
　186
ジェームズ（James, W.） 34
シェリフ（Sherif, M.） 86, 169, 242
シェリング（Schelling, T. C.） 82,
　181
シモンズ（Simmons, C. H.） 70, 72
ジャニス（Janis, I. L.） 239
シュワルツ（Schwarz, N.） 35
ジョーンズ（Jones, E. E.） 45
ジンバルドー（Zimbardo, P. G.） 230
ステイサー（Stasser, G.） 213
セイラー（Thaler, R. H.） 186

■た　行
タイス（Tice, D. M.） 115
タイタス（Titus, W.） 213
タジフェル（Tajfel, H.） 88
ダーリー（Darley, J. M.） 192, 193,
　195
チャルディーニ（Cialdini, R. B.） 170,
　171
ディヴァイン（Devine, P. G.） 49
デイヴィス（Davis, K. E.） 45
ディーン（Dean, J.） 154
ティンバーゲン（Tinbergen, N.） 195
テッサー（Tesser, A.） 112
ドウズ（Dawes, R. M.） 97
トゥーンベリ（Thunberg, G.） 168

■な　行
ニスベット（Nisbett, R. E.） 37, 38
ノエル－ノイマン（Noelle-Neumann,
　E.） 100

■は　行
ハイダー（Heider, F.） 84, 229
バーガー（Burger, J. M.） 69
バーン（Byrne, D.） 157
ヒギンス（Higgins, E. T.） 30
ビューラー（Buehler, R.） 140
ブラス（Blass, T.） 69
フリーセン（Friesen, W. V.） 148
ベム（Bem, D. J.） 108
ペルフーミ（Perfumi, S. C.） 62

■ま　行
マタラッツォ（Matarazzo, J. D.） 152
ミシェル（Mischel, W.） 121
ミルグラム（Milgram, S.） 66, 68–70
ミルズ（Mills, C. W.） 6
メラビアン（Mehrabian, A.） 151

■や・ら行
山岸俊男　239
ラズバルト（Rusbult, C.） 157
ラタネ（Latané, B.） 192, 193, 195
ラーナー（Lerner, M. J.） 70, 72
ラヒム（Rahim, M. A.） 160
ランゲ（Lange, C.） 34
リベット（Libet, B.） 37
ルイス（Lewis, M.） 11
レヴィン（Lewin, K.） 83

【y-knot】

社会心理学──社会を動かすもの・変える力
*Social Psychology: Power to Shape and Change Society*

2024 年 12 月 10 日 初版第 1 刷発行

| | |
|---|---|
| 著　者 | 杉浦淳吉・尾崎由佳・村山綾 |
| 発行者 | 江草貞治 |
| 発行所 | 株式会社有斐閣 |
| | 〒101-0051 東京都千代田区神田神保町 2-17 |
| | https://www.yuhikaku.co.jp/ |
| 装　丁 | 高野美緒子 |
| 印　刷 | 萩原印刷株式会社 |
| 製　本 | 牧製本印刷株式会社 |
| 装丁印刷 | 株式会社亨有堂印刷所 |

落丁・乱丁本はお取替えいたします。定価はカバーに表示してあります。
©2024, Junkichi Sugiura, Yuka Ozaki, Aya Murayama.
Printed in Japan. ISBN 978-4-641-20011-1

本書のコピー，スキャン，デジタル化等の無断複製は著作権法上での例外を除き禁じられています。本書を代行業者等の第三者に依頼してスキャンやデジタル化することは，たとえ個人や家庭内の利用でも著作権法違反です。

JCOPY 本書の無断複写(コピー)は，著作権法上での例外を除き，禁じられています。複写される場合は，そのつど事前に，(一社)出版者著作権管理機構(電話 03-5244-5088, FAX 03-5244-5089, e-mail:info@jcopy.or.jp)の許諾を得てください。